SIZA AU THORONET
LE PARCOURS ET L'ŒUVRE

sous la direction de Dominique Machabert

ÉDITIONS PARENTHÈSES

La manifestation *Álvaro Siza au Thoronet, le parcours et l'œuvre*, tenue du 29 juin au 31 octobre 2007, a été coproduite par

le Centre des Monuments nationaux, la Direction régionale des affaires culturelles de la région Provence-Alpes-Côte d'Azur
et la Maison de l'architecture et de la ville (région PACA)

avec le concours de : Conseil général du Var, Conseil national et Conseil régional de l'Ordre des architectes (PACA), Institut Camões, Fondation Calouste Gulbenkian,
Hypermarchés Leclerc de Clermont-Ferrand, Le Compagnon Construction Rénovation, Costamagna Latour, La Maison des Vins Côtes de Provence.

Remerciements particuliers à Franck Mozzone, Sandrine et Rosario Macri, Paco Sanchez, habitant le village du Thoronet,
Anabela Monteiro, Beatriz Tarazona, Chiara Porcu de l'Atelier Álvaro Siza à Porto,
Éloïse Belliard, Birgitte Fryland, Jacques Pouillet, Christian Vallery, Ruy Grazina.

Pour Julia.

Commissariat de la manifestation, Dominique Machabert.

Copyright © 2007, Éditions Parenthèses
www.editionsparentheses.com

ISBN 978-2-86364-182-8

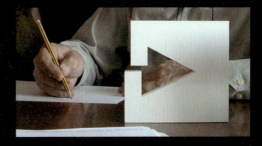

SIZA À L'ABBAYE DU THORONET : UNE ÉVIDENCE

Dominique Machabert

Sans qu'aucune explication ne s'impose, il semblait qu'en invitant Álvaro Siza à l'abbaye du Thoronet, on ne se trompait pas. Que c'était une bonne, une excellente idée, une évidence même. Et pourquoi ça ?
Regarder de quoi est faite l'évidence est bien intéressant mais un peu risqué car il n'est pas certain de trouver en sortant ce que l'on pensait tenir en rentrant. On cherche partout, on palpe dans l'étoffe du vêtement, dans l'utile besace que l'on emmène partout, au vestiaire des choses immuables, au chevet d'une conviction intime qui dort. Mais rien, volatilisée.
Démonter le merveilleux petit mécanisme de l'évidence, c'est à coup sûr perdre définitivement ce qui, la seconde d'avant, tenait en équilibre sans que l'on sache vraiment comment. Et voilà que, démuni, comme parti de zéro, l'on se met à remonter comme on peut, autant dire autrement, le petit système de la chose perdue dérobée par la question.
« Le contexte, le site ! » s'exclame-t-on à l'envi à propos de Siza comme si c'était du clairon qu'il jouait. Oui, mais encore. Ne peut-on regarder cela de plus près et tâcher de comprendre ce qu'il arpente quand il arpente les sites, mais pas comme les naturalistes ? Pour lui, le site est d'abord une tension qu'il esquisse en premier, point de départ pour trouver l'implantation, travailler l'échelle et les proportions. Premiers traits dont ses cahiers noirs témoignent, trésors d'inspiration et conceptuels. Plus conceptuel que contextuel donc. Il dessine ce qu'il voit en vrai ou pas, accumulant, articulant ce qu'il sait d'expérience, de mémoire avec ce que chaque situation a de particulier et d'inédit. Il s'informe de tout, même du dérisoire à toutes fins utiles. Il est un architecte de la mesure, veille à ne pas dépasser les limites mais à les subvertir. Il crée les conditions de l'architecture. De l'homme, aux prises avec toutes les vicissitudes qui jalonnent une vie — celle-ci n'en a pas manqué —, une certaine littérature a tracé, à son insu, une trajectoire romanesque d'architecte hors norme, hors tendance, hors actualité, qui depuis son atelier à Porto a orienté les regards vers la périphérie, les bords, les marges, ce qui serait en définitive une sorte de spécialité portugaise, inimitable. On en a déduit qu'il était modeste. C'était confondre l'œuvre qui ne l'est pas avec le personnage plutôt discret, affable, mais dont l'assiduité au travail l'oblige plutôt à l'immodestie sans quoi, on ne fait rien. Voyez ces projets ! Toujours d'une complexité savante pour qui sait regarder, que d'autres prennent pour de la simplicité. Le petit fil romanesque relate, à raison, l'attention de Siza pour les architectures faites sans architectes, bonnes pour les usages, sans plus, contribution précieuse à l'histoire des formes érudites pourtant.
Voilà, à la réflexion, pourquoi l'idée d'inviter Siza au Thoronet s'est imposée avec l'assurance implicite que d'une confrontation de son travail, de sa pensée, de son œuvre avec une œuvre produite d'une Règle et d'une géographie, quelque chose se passerait.

Qu'il se passerait quoi ? Une « installation » comme on dit, des dessins comme il aime et ne cesse d'en faire partout et en toutes circonstances, une sculpture comme il en rêvait autrefois, un projet, construction éphémère, comme celui de Londres à la Serpentine Galery (2005) ou pour l'exposition de Hanovre (2000). Quoi d'autre ? Qu'attendions-nous de cette confrontation ? Nous ne le savions pas ; c'était le jeu.
Et puis, il y a ce monument d'histoire prestigieux qui inspire, dit-on, la modernité, autre instrument où l'on souffle dedans sans trop de discernement. Disons alors qu'il semblerait que ce bâtiment ait inspiré ce qui plus tard s'appellerait la modernité en architecture soit, dit dans le désordre et confusément : dépouillement, géométries simples, rationalité, fonctionnalité, économie, des choses comme ça, garantes de l'essentiel et qu'il est difficile d'exprimer mieux que par l'architecture du Thoronet.
Ils viennent nombreux, architectes, artistes, visiteurs anonymes, attester de cela à leur insu ou pas. Ils prennent des mesures, des photos, dessinent, quelqu'un psalmodie sous les voûtes, étudient, lisent ou regardent simplement, plus ou moins connaisseurs, ce qui,

produit d'une Règle, d'un calcul, échappe au calcul. Ils saisissent sans le savoir toujours, des qualités qui, mises bout à bout, ne suffisent pas à expliquer cette qualité-là qui habite l'air. Un vide, une qualité de vide qui le distingue du néant ou du vide indigent. L'abbaye du Thoronet serait une espèce de futur annoncé et l'invitation, à l'autre bout du temps, concernait cela. Siza, dont le succès fut tardif et dont l'intrigue romanesque indique qu'il l'indiffère — ce qu'il ne fait pas croire —, auteur d'une œuvre forcément confidentielle par les temps qui courent, témoigne de ce futur-là. Il en fallait un capable de faire éclater la vérité comme à l'exposition *Cézanne en Provence*, lorsque, cet été 2006, c'est Cézanne en train de devenir Cézanne à quoi l'on assistait, c'est-à-dire la manifestation que quelque chose de nouveau était en train de se passer sous les yeux de ceux qui pouvaient voir, plutôt que la production d'un peintre raté pour les yeux de ceux qui croyaient voir, ce qui à ce moment-là, pouvait bien être la même chose. Passons.
Il fallait un coutumier de l'indifférence générale, capable de se repérer seul, dans l'épaisse fumée du temps. Un qui ne s'en laisserait pas trop compter non plus par le prestige du lieu, pas un dévot.
Il fallait un égaré, lucide, plus hérétique qu'héritier sur la question de l'essentiel qu'il est vain de vouloir retrouver à la manière d'un essentialisme médiéval comme au Thoronet. Un égaré qui ne trouve jamais mieux qu'au cœur de son égarement volontaire aimant la nuit des formes, ayant perçu dans l'éclat d'une image fugace, la forme étrange et familière de l'évidence perdue. Que cette perte entre les deux, inscrite dans l'histoire de l'architecture, n'ait pas emporté l'essentiel, mille ans après ou à peu près, cela restait à voir, cela que chaque fois Siza vérifiait s'étonnant que ça marche. Quoi ? La chose à sa place. Cela arrive, même si ça n'est plus intact, plus aussi ingénu, obtenu, sans le laisser paraître, avec plus de labeur.
De son côté, sans trop savoir ce que l'on attendait de lui, Siza avait consenti à faire le voyage à la fin de l'été 2006, honoré que l'on pense à lui, enthousiaste déjà d'entrer dans cette nuit qui s'ouvrait comme à chaque fois qu'il entreprend quelque chose.

SIZA VOULUT D'ABORD VOIR LE PARKING

Dominique Machabert

Grand architecte anonyme. Vol en provenance de Londres. L'ouverture des portes automatique laisse apparaître des filles très longues, des top models. Une onde d'agitation traverse le hall. Elles ont des corps lents et des regards qui passent au-dessus des têtes. Des groupes de gens venus attendre quelqu'un s'effacent devant le passage des belles indifférentes. Des hommes, bons pères de famille, bons maris tournent vers elles leur regard, implorant quelque chose. Vol en provenance de Bruxelles. Un chanteur connu se fraye un passage. De le voir en vrai provoque un nouveau trouble dans l'assistance et une séance d'autographes improvisée. Le vol de Porto est enfin annoncé. Plus grand monde dans le hall et la petite valise du grand architecte est légère. L'architecture est ingrate et l'anonymat, peut-être un luxe au fond.
Álvaro Siza parle de son interminable escale à Lisbonne, du retard et des péripéties des voyages regrettant que l'attente dans les aéroports soit plus longue que les vols. C'est un temps précieux qui s'échappe, peu propice au travail et qui lasse, à la longue, quand le désir toujours plus pressant serait désormais de ne se consacrer qu'à l'architecture, à elle seule. Même la vie à l'atelier ne garantit plus cette disponibilité précieuse. Reste les dimanches sans coups de fil ni réunions.
Le vol au-dessus de la Méditerranée à l'approche de la côte et l'atterrissage en pleine ville de Nice, événements toujours réjouissants pour un architecte, auront mis un terme aux facéties du voyage. Siza s'enquiert à présent de ces longs bâtiments sur les collines, vus depuis l'avion et si l'on peut fumer dans la voiture. Pour fumer c'est oui, pour le reste, je l'ignore.
De l'aéroport à l'abbaye, une heure de route, il s'étonne de ne plus voir la mer et demande où l'on va comme si, ne maîtrisant plus rien, ce voyage était un rapt auquel il consentait, regrettant toutefois sans le dire que la mer n'en fasse pas partie.
Siza connaît la Côte d'Azur. Il évoque ses séjours en couple et entre amis quand, rentrant d'Italie où l'architecture — comme toujours — les avait tirés d'un Portugal d'où l'on sortait peu à l'époque, l'envie leur était venue, une fois, d'aller piquer une tête à Saint-Tropez où ils n'avaient pas croisé Brigitte Bardot. Puisque l'Italie était derrière, on pouvait bien se payer du bon temps à présent, nonobstant le *cabanon* et la maison Eileen Gray à Cap-Martin, la chapelle de Matisse à Vence, les céramiques de Vallauris, qu'on irait voir avant. Et Mougins où Picasso vivait encore. Il était revenu plusieurs fois sur la Côte d'Azur, au moins quatre, peut-être cinq en quarante ans, plus tout à fait avec les mêmes — Picasso n'était pas seul à être parti —, d'autres avaient rejoint la bande.
Ce nouveau séjour dans le sud de la France, c'est encore à l'architecture qu'on le devait. Direction le Thoronet.
À l'approche de l'abbaye, la voiture s'engage dans la forêt de chênes. Siza parle des incendies qui dévastent la forêt portugaise chaque année un peu plus, des paysans qui autrefois récoltaient l'humus pour le vendre, ce qui l'entretenait et du déclin de l'agriculture qui là-bas fait des dégâts — « et ici c'est comment ? »

PAS DE PLAN

La visite avait été entreprise plus tôt que prévu, le soir même, après la fermeture. L'absence de public et en conséquence le murmure d'une fin de journée à l'abbaye, nous avaient mis dans des dispositions enviables. Le soleil déclinant et le piqué très fin de la lumière exaltaient la matière dans ses plus infimes particules, les poussières et les insectes. Dans ces conditions-là, égalitaires, en l'absence de toute vanité, de semblant, la chance était quand même, pour nous, d'accompagner Álvaro Siza. Il restait une bonne heure, pas plus, avant que le soleil ne bascule de l'autre côté de la montagne, du côté de Cabasse.

Pas de plan sous la main quand Siza en voulut un. On avait tiré d'un sac un document que les touristes achètent, approximatif mais suffisant. Siza le prit dans un sens puis dans l'autre, pareil au visiteur un peu perdu qu'il est. Il n'a pas le sens de l'orientation pense-t-on, il se perd, parti d'un côté, il faut aller le chercher, lui indiquer l'ordre supposé de la marche. Dans d'autres circonstances, je l'avais vu regardant le plan à l'envers que toujours une main secourable retournait et que, sans la moindre confusion, allumant une nouvelle cigarette, il lisait quand même. On se demande toujours s'il ne lui faudrait pas une assistance.

Dès les premiers instants et au fil de la première visite, le petit plan était complété et rectifié au besoin. Le *bic* légèrement tenu entre les doigts, la main presque distante à ce qu'elle fait, inscrivait des flèches, des croix, des noms, de brefs commentaires écrits en français. J'avais déjà porté mon attention sur de pareilles inscriptions publiées ici ou là dans des revues internationales, constatant chaque fois que Siza s'accommode de tout support, de fortune au besoin, et les sature : dessinant, insérant, inversant, inventant, écrivant des correspondances, en long et en travers, notant dans la langue où il se trouve ce qu'il convient d'éclaircir et de préciser pour lui-même : *room, street, trees, urban life…* Il redessine tout, aussi ce qui lui passe par la tête, des listes, des visages, des chevaux…

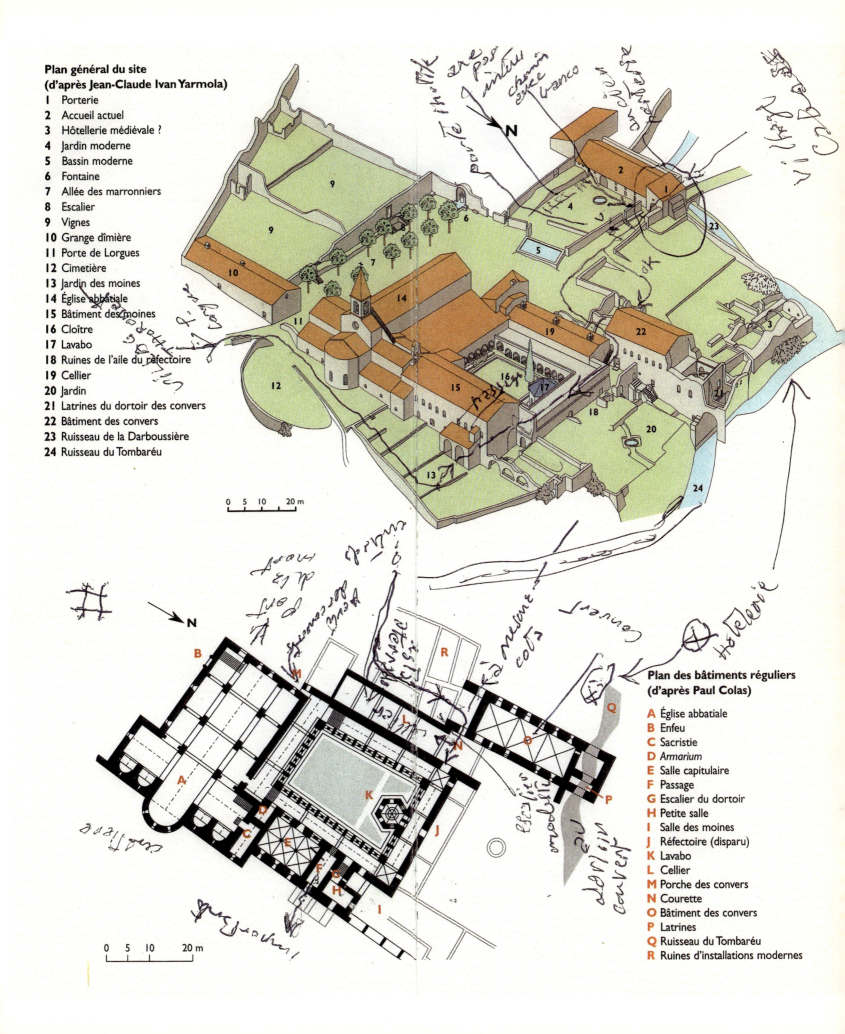

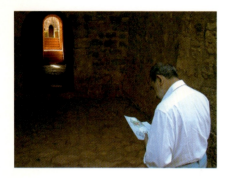

TRANSFERT, TRANSPORT D'ARCHITECTURE, UNE IMAGE POUR UNE AUTRE

La première visite ne se voulait qu'un préambule au séjour et pourtant. Là, dans l'étroitesse de la porte rejoignant la terrasse au-dessus du cloître, Siza reconnaît spontanément les traits d'une architecture qu'il aime entre toutes, celle de Le Corbusier — venu au Thoronet en 1953 —, et du couvent de la Tourette à l'Arbresle, à deux pas de Lyon.
Au couvent qu'il voyait en vrai pour la première fois à l'occasion des *Rencontres Thomas More* portant sur la modestie en architecture — c'était en 1997 — Siza avait peu parlé, beaucoup l'avaient fait à sa place, ce qui l'avait sans doute arrangé.
Il existe néanmoins des photos qui relatent ces journées et, d'entre elles, deux qui fixent discrètement cet instant où Siza si peu démonstratif, s'était laissé aller à un geste de tendresse, touchant l'architecture, ou d'incrédulité devant ce qu'il ne pouvait croire. On devine dans la lumière crue, l'oratoire pointu de la Tourette. Qu'observe-t-il, à l'instant des photos, qui suscite chez lui, accédant à la terrasse du Thoronet, une telle confusion : une image passant pour une autre, la même mais différente, à des siècles de distance ? On est loin de la question des emprunts supposés, des démêlés entre modèles, de la filiation à quoi nous ramène chaque fois une classe d'érudits qui sait tout. La proximité avec Siza et son œuvre permet d'isoler un thème récurrent chez lui, peut-être le seul au fond, vers lequel tous les autres convergent. De là, sans doute est-il permis de dire à quelle architecture nous avons affaire et à quel architecte, tenus l'une et l'autre à l'impossible.
Siza ne cesse de dire sa conscience d'une perte, chose laissée en route dans l'histoire de l'architecture mais perceptible dans certains cas, *le monde parfait* de Frank Lloyd Wright par exemple à l'occasion de son premier voyage aux États-Unis. Cette perte entre avant et maintenant pour le dire comme ça, c'est ce qu'il voit dans la lumière crue de la Tourette et dans la recherche absolue, saturée que fut celle de Le Corbusier. Recherche faite architecture, concrète, accomplie, portée à la conclusion de la chose abstraite devenue naturelle.
Ainsi, la Tourette précède le Thoronet comme il faut attendre Cézanne pour la *Sainte-Victoire*, mais pour cela, il y faut l'architecture du Thoronet et la Sainte-Victoire, plantées là depuis le début ou juste après, orphelines de vision portée sur elles. *Des yeux qui ne voient pas.* C'est dans ces circonstances qu'il est vrai que la nature imite l'art, comme croire en Dieu quand on *peint* ou quand on *trouve* si, sur ce sujet, celui de Mougins avait voulu donner la réplique au résident de l'hôtel Régina à Nice, les deux convoitant, dans le sud de la France, la préférence. Et Siza tout autant qui parle d'*imaginer l'évidence* introuvable. La nature imite l'art comme l'évidence retrouve son épiphanie profane. Je pourrais bien dire Dieu, ce mot qui arrive à la place d'un autre qui ne vient pas. Siza acceptant l'invitation près de la Méditerranée, dans le sud de la France, c'était cela. Voir ce qu'ils ont vu, être dans la même lumière qu'eux, si différente de celle de Porto.

L'architecture du Thoronet baignée dans une lumière douce, comme à Saint-Jacques-de-Compostelle dans la réminiscence précolombienne de la ville et sa lumière dorée, plus vieille, plus apaisée que l'autre, c'est l'équilibre. La Tourette, c'est sa réparation sublime survenue avec l'usage intempestif du monde.
Une image qui passe pour une autre, au sortir d'une porte du Thoronet donnant sur la terrasse, la même mais différente que celle vue dans la lumière crue de la Tourette dans un instant que se dispute le temps : c'est un prisme à l'échelle d'une vie entièrement consacrée à l'architecture, c'est-à-dire pour un architecte contemporain, à la réparation et plus si affinité.

Siza a la conscience très nette, et son succès n'y change rien, de ne pas vivre une époque de grandes transformations, de grandes trouvailles, de ruptures rédemptrices. Là est son authentique modestie. En dépit de cela, l'essentiel est sauf dans la façon qu'il a de concevoir l'architecture : approfondir l'idée d'une rencontre au point de ramener vivante — contemporaine — la part perdue, ingénue, un ordre tout de même à défaut de sérénité, de *monde parfait*, le seul que permet l'époque actuelle mue par bien des déséquilibres et pas aussi innovante que cela, pas autant qu'on le dit.
Les sonnailles des bêtes qu'on entend du côté de Lorgues plongent le petit groupe que nous formons dans la ferveur d'un bercail phénoménal où la nuit est tombée. D'un point à un autre, nous descendons dans la salle capitulaire, puis le cloître, les potagers et le cimetière, dans la perte qu'oblige l'hypermodernité, notre condition désormais moderne et mondialisée où c'est un autre jour qui se lève. Du nouveau peut-être.

16

LE PARKING

Comme à chaque fois qu'il se trouve des sites exceptionnels, des abbayes cisterciennes ou des *pierres sauvages*, il est bien rare de ne pas trouver, à proximité, des aires que la pensée architecturale néglige, toujours assez convenables pour les voitures, pour les enfants que les préoccupations des grands lassent et de quoi se restaurer en vitesse. Aux espaces d'intérêt plus noble, plus digne, s'agglomèrent des délaissés dont la vie s'accommode, les transformant en espaces publics spontanés, parfois mieux que les autres, allez comprendre. Allez savoir aussi pourquoi Siza voulut voir le parking, insistant, avec cet air de ne pas insister, pour que l'on commence par là le travail supposé. Ne sachant faire autrement que de prendre au sérieux une invitation lancée plutôt comme un hommage à son œuvre, voilà qu'il la tourne du côté du travail, commençant pour cela par le début. Le parking.

Pour un architecte praticien comme l'est Siza avant toute chose, la question du monument qui charrie chaque année des milliers de visiteurs, pose aussi la question du parking avec — on le suppose — son petit baraquement de fortune où l'on sert des croque-monsieur, des esquimaux, des bouteilles d'eau pour la visite. À l'invitation qui lui était faite, Siza ne s'est pas départi de son rôle. C'est-à-dire architecte porté à balbutier avec le site et échanger avec lui des rudiments d'architecture de première nécessité. Entre eux — le site et l'architecte —, c'est une vieille histoire, toujours recommencée, un tête-à-tête providentiel après quoi, sans trop savoir ni pourquoi ni comment, dessins à l'appui, d'une rencontre ordinaire, naît une idée.

Sous les grands arbres dont on cherche les noms, des tables et des chaises en plastique sont disposées autour du petit kiosque en bois un peu kitch au centre du parking. Le parking, c'est là que Siza a voulu commencer. A-t-il pensé qu'il serait plus utile d'en faire le lieu de son intervention ou du moins le départ pour que, guidé par les usages communs, il trouve le sens de ce qu'il était venu faire ?

Quelle idée d'avoir dit oui à cette invitation qui pourrait s'apparenter à de la prestidigitation. Il arrive que de grands architectes — et de moins grands — se prêtent à de drôles de performances… Mais Siza dut se rendre à l'évidence qu'il ne manquait rien au parking, trouvant même particulièrement réussis les espacements, leur alignement perpendiculairement à des axes qui vont de haut en bas ; de la forêt à la route, et plutôt qu'un revêtement, la terre que les mouvements du vent soulèvent par instants, obligeant à plisser les yeux, et alors…

LE PARCOURS

Après la lumière aveuglante du parking accablé de soleil, la pénombre du sous-bois nous plonge dans une sorte d'hébétude. Siza parle de son prochain voyage au Cap-Vert où un nouveau projet l'attend et de la lumière toute blanche d'Afrique un peu comme celle-ci. Maintenant que l'on distingue à peu près les formes, il désigne des rochers saillants, indiquant qu'ils conviendraient bien au repos, une pause. Nous faisons des photos. Me vient à l'esprit à présent, ce dessin extrait de la série « Sartreries » du dessinateur Gilbert Pinna intitulée *Sur les rochers*. On voit Sartre assis sur des pierres informes, avec ce goût paradoxal — et un peu extatique pour lui —, de l'inconfort confortable.

S'étonnant de trouver la porterie fermée au bout du sentier, Siza interroge cette rupture qui prive l'accès naturel à l'abbaye. On lui en donne les raisons : la vente et le contrôle des billets, la librairie et la boutique qui obligent à passer latéralement par un bâtiment existant comprenant toutes ces fonctions. Cependant, plutôt que de retrouver l'axe perdu au sortir de celui-ci, un escalier menant directement à l'abbatiale absorbe les visiteurs non accompagnés, les détournant de l'itinéraire initial, celui grâce auquel un ordre général existait.

Accusant réception de toutes les bonnes raisons qui légitiment les choses, Siza file plutôt l'histoire infime des petits arrangements qui à la longue défont les cohérences et n'en proposent pas de nouvelles à la mesure de l'ensemble. Il ne suffit pas que les raisons soient bonnes pour y céder. La fonction, oui, aussi celles qui réclament une librairie ou une billetterie dans une architecture cistercienne, mais pas comme on enfile des perles, à la queue leu leu. De la fonction, Siza en exacerbe la logique pour qu'à la fin tout semble aller sans qu'on ait à songer à la façon dont tout cela tient, à la besogne, aux contraintes qui pèsent. Il arrive qu'elles ne pèsent plus quand la fonction dit autre chose que ce qu'elle dit. C'est quoi la fonction du Thoronet ? Va savoir. Autre chose sans doute.

Devant la question, Siza dessine. Dessinant, il tente moins de retenir ce qu'il voit que le principe qui fonde l'ensemble. Il soupçonne quelque chose qui ne va pas, un défaut qui ne se voit pas, pas les murs, mais ce qui se trouve entre et dont toute l'atmosphère dépend.

Son dessin agit comme un levier à l'échelle de la question plus vaste qu'il n'y paraît. Ce détournement, depuis la porterie jusqu'à l'abbatiale, est un bouleversement, un préjudice porté au site lui-même dont l'architecture éminemment pensée avec lui, est le point d'équilibre, installée comme un chat au soleil, aussi précaire et habilement stable. Le parcours est la vigilance de cet équilibre. Le retrouver serait sa réparation. *Quand je vois un chat au soleil je pense à l'humanité.*

Dans l'après-midi, il s'est isolé un moment pour travailler, installé dans le cloître faisant du banc de Pawson laissé de l'année précédente, un plan de travail, dessiner à nouveau, de tête, de mémoire, sans document, seulement le petit prospectus du départ.

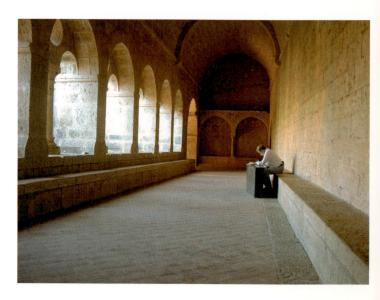

Je l'observe, il se prend la tête dans les mains, dessine, tiré de sa réflexion qu'à de rares moments. Sa cigarette qui se consume seule lui brûle les doigts. Il fait un geste brusque. Les mouches agressives piquent aussi. Siza maugrée en portugais. Le soir, s'excusant auprès de ses hôtes, il choisit de rentrer directement à l'hôtel disant que cette journée l'a épuisé.

LE THORONET, UN MENSONGE COMME LES AUTRES

Le Thoronet est né d'une idée : la retraite des moines au *désert* et d'une nature hostile.
Quelle vérité d'enchantement peut naître de ce qui, au fond, n'est que manipulation, articulation, composition d'éléments entre eux trouvant leur place au contact d'un site ? Rien de sorcier. À moins que…
De là naissent des œuvres, certaines pour lesquelles une explication ne suffit pas.
À son retour du Pérou et sa visite du Machu Picchu en 1995 où les pierres « sont les plus extraordinaires tant en dimension qu'en mystère », que ce sont des mensonges, « des mensonges d'architecture », Siza a bien exprimé l'étendue, la distance, « le mystère » de certaines œuvres qui essouffle les explications.
Siza examine la pierre de l'abbatiale et n'en comprend pas plus que quiconque la taille grossière. « Cette pierre semble rugueuse, mais elle est travaillée. Pourquoi a-t-on fait cela ? Pour quel message ? »… À moins que l'architecture ne soit une sorcellerie.
Cheminant dans l'abbaye, des noms viennent sorciers ou menteurs comme on voudra, architectes : Alvar Aalto pour les rochers qui émergent du sol et font corps avec le cloître, Fernando Távora pour le cours d'eau tari qui ceint l'abbaye et instruit le génie du lieu, Hassan Fathy pour sa *conférence des oiseaux*, Luís Barragán, je sais plus.

Le parcours sur place essaime des retrouvailles comme le contact à la Côte d'Azur avec Picasso et Matisse, de sacrés menteurs aussi. Siza ne cède pas sur la tentative de savoir quelque chose à propos de ce point si élevé qu'il sait impossible à atteindre et c'est pourquoi il est l'auteur d'une architecture insoumise à la pesanteur, émancipée d'elle parce qu'il en a compris la nécessité. L'architecture du Pérou essaime celle du Thoronet qui ment tout autant. *Glorieux mensonges*.

LE PARCOURS EST UNE PENSÉE

Au matin du troisième jour, Siza laissé la veille fatigué, avait dessiné entièrement, toute l'abbaye dans la nuit. Pas de ces dessins impeccables attestant ce qui est bien visible — ça, on le savait — mais une logique comme il en va d'une structure, mieux qu'une phénoménologie. Ce qu'il avait dessiné en l'absence de documents qui confirmeraient plus tard son investigation trois jours durant était ce qu'il avait compris, plus qu'une forme, un fonctionnement. Curieusement, le centre de gravité du dessin se blottissait, mu par quelques forces que le *bic* inscrit, en haut à gauche de la page. L'abbaye coincée, nord, nord-ouest, contre les bords du cahier, poussait dans les limites, conformément à des exigences comprises in situ, ce qui ne saurait aller plus loin. L'architecture en son site qu'il avait parcouru, réelle, devenue chose mentale se trouvait être une page à présent, la même chose au fond que la réalité, avec la même tension. Il retournait sur place, vérifier toujours, passer du cahier à la réalité et inversement.
Il en est toujours ainsi de lui. Ses collaborateurs et associés le racontent. Eduardo Souto de Moura à Naples, pour le métro, où

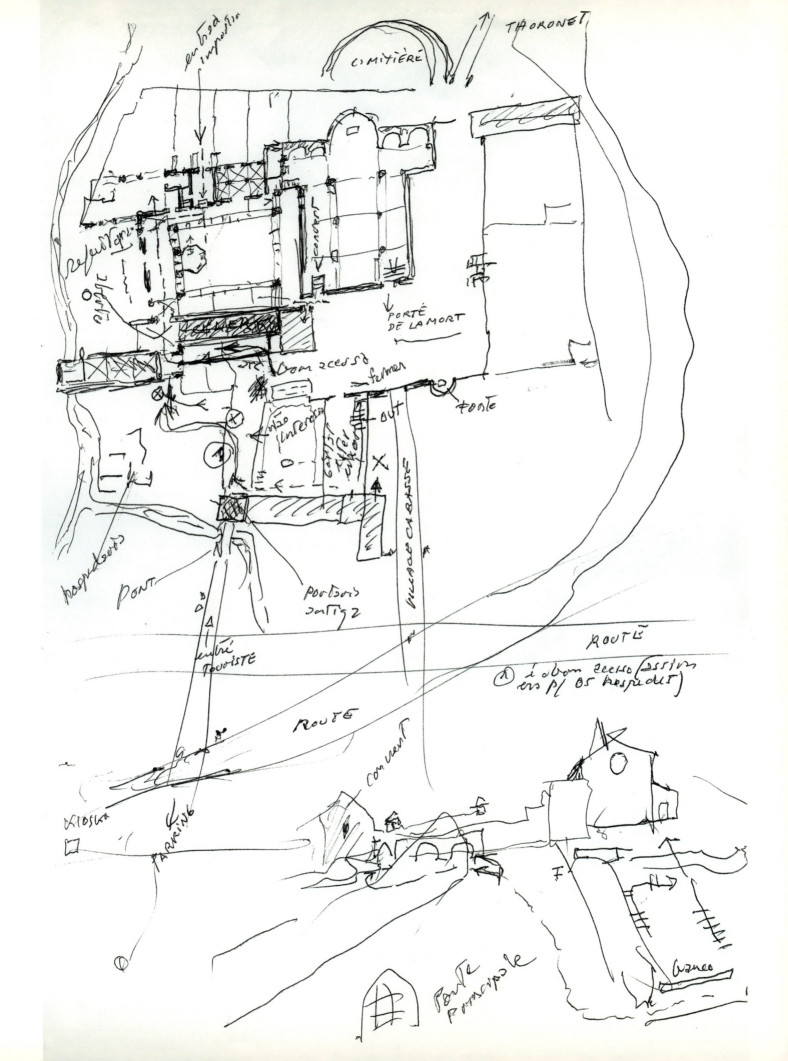

après maintes vérifications, scrupuleux détours, Siza dit à tous, à l'heure du déjeuner en plus — lui ne déjeune jamais — qu'il serait bon de faire une nouvelle fois le point et le tour du terrain afin de ne rien oublier auquel cas — l'espère-t-il ? — il faudrait tout reprendre et deviner une solution encore plus cohérente, pertinente, belle, évidente.

Je comprends que les solitaires, travaillant tard, tournant le dos à la vie, griffonnant dans tous les sens ce qui finit quelquefois par s'éclaircir, s'informent ingénument, sans calcul, sans ironie, de la place du parking, du résultat du match, de la recette des crêpes « suzette », du coup de main qu'il faut pour réussir la sauce « Caruso », le nez collé aux boutiques de souvenirs, aux galeries des rues commerciales du centre ville où l'on vend des ciels bleus de Provence et des champs de lavande. Siza cherche dans le constat simple, dans l'ultime vérification de la même chose immuable, dans le trivial au besoin, une variante pour le salut des choses insignifiantes, seules à être vraiment dotées d'intrigue. C'est la voie pour toucher l'anonymat qui identifie la grâce, la seule. L'anonymat, la grâce se confondant, un peu comme la beauté de Lauren Bacall. Des animaux, il aime l'exactitude définitive. Des autres et d'entre eux les grands créateurs parmi lesquels il compte, l'impossible du rapport, entre l'art et la vie pour le dire comme ça, qui convoque le geste et la surprise. Dans une petite gravure de Chillida, toute la force contenue.

C'était comme cela qu'il était devenu Álvaro Siza que l'on tient pour absent, ignorant du sens commun et de l'orientation parce qu'il en connaît un rayon sur la question et toute l'étrangeté. Je ne m'étais jamais risqué à l'interroger trop loin là-dessus, sachant qu'il ne dirait rien de son intimité créatrice qui, à certaines heures, se confond avec l'autre.

Rentrant, je lui demandais dans la voiture : « Et alors ? »

Il se mit à parler d'un parcours. L'idée se confirmait à Porto : *le parcours et l'œuvre*.

On reviendrait au Thoronet régler les détails.

Les passages en italique ou entre guillemets sont de Álvaro Siza, Le Corbusier, Paul Matisse, Pablo Picasso, Fernando Pessoa.

SIZA AU THORONET :
« UNE ARCHITECTURE D'UNE ADMIRABLE CLARTÉ »

Entretien 1, Dominique Machabert / Álvaro Siza,

Le Thoronet, le 27 août 2006

Que vous inspire cette invitation au Thoronet ?

J'ai d'abord été surpris que l'on pense à moi et, pour dire vrai, je ne pensais pas venir. Mais ton insistance a eu raison de mes résistances devant une nouvelle sollicitation qui oblige, alors qu'on n'a pas forcément envie d'être obligé, tu comprends. J'ai fini par accepter. Ces trois jours de travail n'ont pas été de tout repos, mais ils ont été très stimulants. J'ai passé un jour entier à me promener et à demander des explications pour comprendre. Il me reste beaucoup de choses à étudier encore, mais j'ai déjà l'idée de ce qu'était cette formidable « machine à habiter ». Tout y est si précis, conforme à ce qu'une vie en communauté, entre harmonie et discipline, réclame. Visitant, on comprend petit à petit comment fonctionnaient les rapports avec le monde extérieur et au sein même de l'abbaye. Les hôtes étaient reçus un peu à l'écart et les moines convers plutôt confinés dans des lieux et des espaces précis conformément à leur statut. On comprend le rôle majeur du cloître d'où tout part et arrive. Ce n'est pas étonnant que Le Corbusier ait été touché par sa visite ici, laquelle n'est pas sans lien avec ce qu'il a fait à la Tourette. Ça marche vraiment comme une « machine à habiter ».

Il était intéressant, presque troublant de vous accompagner, car ne sachant rien ou pas grand-chose du lieu, vous en avez eu une compréhension quasi immédiate, instinctive, sur la façon dont tout cela fonctionnait et sur les changements survenus. Votre travail a consisté alors à dessiner ce qui vous semblait être les vrais parcours, hypothèses accréditées plus tard par des documents mis à votre disposition.

Ce n'est pas aussi instinctif et cela m'a demandé un grand effort. Hier soir, j'étais vraiment très fatigué. L'effort que réclame la compréhension des choses dans leur état d'origine, refaites, partiellement ou totalement ruinées, suscite bien des doutes et des interrogations. Mais c'est intéressant de voir se confirmer dans les documents ce qu'on avait imaginé. Cela signifie que cette architecture est d'une admirable clarté sans quoi je n'aurais rien compris. On voit très bien comment la spiritualité d'une œuvre, sa poésie qui émanent des espaces, ne sont pas opposées à la fonctionnalité. Au contraire. Elles naissent de la fonctionnalité même pour un au-delà de la pure question architecturale. Cette impression de simplicité que l'on a, de facilité presque, si claire, est le fait d'une élaboration bien plus profonde et complexe qu'il n'y paraît, issue de la recherche de ceux qui ont souhaité et œuvré à la définition du type du monastère cistercien tellement abouti qu'il touche à la beauté.

Au cours de nos nombreux entretiens et rencontres, je repère trois thèmes récurrents chez vous qui sont les premiers arguments d'une œuvre de qualité voire de sa beauté justement. Il y a le choix de l'implantation, la question de l'échelle et celle des proportions. Peut-on expliquer, par ces arguments-là, du moins en partie, cette exception du Thoronet ?

Absolument. Ce que je veux souligner, que j'ai perçu et que les études sur les tracés régulateurs des bâtiments cisterciens attestent, c'est qu'une œuvre pareille, d'une si grande cohérence est le fruit d'une connaissance continue, patiemment constituée au point qu'elle finit par toucher la perfection. Il est impossible qu'il en soit autrement. Ce n'est pas aussi spontané que cela. Je ne connais qu'un seul cas mystérieux — un temple en Égypte, le premier temple en pierre — à propos duquel les archéologues désespèrent de savoir. Aucun n'est en mesure de dire l'antériorité d'une telle merveille. Dans d'autres bâtiments, c'est différent. On saisit toute la connaissance qui soutient la maîtrise, le développement de ce que l'on a sous les yeux.

La feuille n'est jamais blanche dites-vous souvent. Il y a toujours un avant qui donne naissance à ce qui aujourd'hui peut sembler être les débuts, comme le Thoronet.

Autre chose encore. C'est la proposition de vie très élaborée qui est faite. Quand je parle de fonctionnalité, c'est de cela qu'il s'agit : cette coïncidence rigoureuse difficile à atteindre entre les espaces et la vie qui s'y passe particulièrement singulière dans le cas d'une vie monacale.

Les usages, autre argument qui pour vous compte pour l'appréciation d'une bonne architecture.

Il importe d'être attentif aux usages dans tous les cas ; pour une maison, un stade de football, tout. Rien ne peut prétendre toucher un niveau de grande qualité s'il n'y a l'intention de faire avec la vie.

Vous savez que le Thoronet procède d'une Règle, sorte de code de vie, mue en règles d'architecture. Il procède aussi d'une géographie comme vous avez pu le constater. À la lumière de cela pourrait-on dire, pour satisfaire une définition de l'architecture, que c'est le résultat d'une coïncidence entre géométrie et accidents topographiques.

Hier nous sommes allés ensemble voir l'exposition consacrée à Cézanne au musée Granet d'Aix-en-Provence. Et c'est exactement de cela dont nous avons parlé : de ce rapport distinct et autonome quoique très étroit entre art et nature plus largement entendue que dans son acception naturaliste évidemment. Pour la cohésion que les cisterciens voulaient, leur architecture fonctionne comme une île dans la forêt au milieu d'un terrain accidenté. Le choix de l'implantation tient, comme souvent, à l'importance accordée à l'eau. J'ai trouvé très intéressant sur les documents consultés après coup, le parcours que faisait l'ancien cours d'eau aujourd'hui absent, qui arrosait successivement différents points comme le lavabo, les cuisines, etc. Il y a comme une coïncidence entre ces parcours inscrits dans la trajectoire qui relient de part et d'autre l'abbaye aux deux villages entre lesquels il se trouve.

En effet, on retrouve des lignes et des trajectoires qui convergent en ce point précis…

Dont le fait marquant est la vie auprès de quoi tout s'achemine. Pour comprendre la vie, il est particulièrement précieux d'observer la topographie.

La lecture de textes dont celui, romanesque et merveilleusement documenté, des Pierres sauvages *de Fernand Pouillon nous immerge dans l'époque. Votre séjour ici, sans les lectures en question, vous permet-il d'imaginer les difficultés auxquelles le « maître d'œuvre » a été confrontées ici ?*

À cette époque et dans un site pareil, si loin de tout, je suppose que l'acheminement des matériaux a dû être d'une grande difficulté. Mais le plus dur, je crois, c'est de créer les conditions — le schéma — propices à des activités humaines dans un contexte aussi inhospitalier. Probablement que l'apport de plans déjà faits, discutés, élaborés avant a rendu possible la réalisation. Comment pourrait-il en être autrement sur un terrain aussi irrégulier ? C'est de ces difficultés plus grandes qu'ailleurs qu'un projet est ce qu'il est, d'autant plus beau que sa confrontation aux choses est réelle et oblige à des résolutions adaptées. Pour ma part, je suis sûr que les lignes d'eau ont été déterminantes pour l'existence du couvent, son organisation et l'exploitation des terres tout autour. Le territoire et la vie : tout est fonction de tout.

Ce sont les contraintes maîtrisées voire mises à profit qui produisent la solution.

Surtout à cette époque où le rapport de l'homme à la nature était aussi riche et complet. Ce n'est plus tout à fait vrai aujourd'hui. On voit par exemple comment l'exploitation d'un gisement de bauxite à proximité au cours du XXe siècle et les glissements de terrains survenus à la longue, ont endommagé considérablement l'abbaye dont une partie s'est effondrée. Quand on commence à ignorer les rapports des choses entre elles et les choses avec la nature, au titre des villes, des constructions, de l'installation toujours plus puissante de l'homme sur la planète, alors il faut s'attendre à bien des désastres qui d'ailleurs ont déjà commencé. On a oublié qu'il n'est pas possible de tout faire ou alors on paiera tout.

Comment expliqueriez-vous que l'on parle souvent du Thoronet comme d'un acte déjà moderne ? Une œuvre si ancienne inspirant la modernité ?

L'ordre cistercien est véritablement à l'origine d'une révolution — une forme de modernité — en réponse aux abus de l'Église et du goût qu'elle avait pris pour le luxe. Cette force explique sûrement que cela se soit traduit en termes concrets d'architecture. Cette modernité provient aussi et surtout selon moi de la proposition de vie qui est faite. C'est austère mais incroyablement fait pour l'effervescence humaine, quotidienne, ordinaire. Cette impression que je relate imparfaitement au contact de ces espaces qui sont exactement le langage d'austérité, est d'ordre latent, c'est là, présent même en l'absence d'activités humaines. Elle est plus forte que dans bien d'autres bâtiments religieux.

Est-ce le rapport à la fonctionnalité parfaitement assumée, et par là sublimée, qui voudrait que l'on prenne ce bâtiment comme un paradigme de ce que peut être la modernité en architecture ?

Cette fonctionnalité est bien le fruit de ce que la vie invente pour elle-même. Ça n'est pas extérieur à la vie, pas purement formel, même si c'est formel. Ce désir d'église nouvelle avec pour emprunt l'idée du « désert », ce sens de la spiritualité et du recueillement, c'est radical en termes de pensée et de croyance autant que ça l'est à propos des conditions de vie. La modernité a toujours — sans doute toujours — à voir avec une radicalité, autrement dit une authenticité.

Revenant des États-Unis et de votre formidable expérience auprès de l'architecture de Frank Lloyd Wright, vous aviez évoqué un sentiment de perte, quelque chose qu'il était impossible de rejoindre, d'atteindre désormais en l'état de complexité du monde contemporain. Devant cette qualité que vous exprimez à propos du Thoronet, éprouvez-vous aussi ce sentiment de perte ?

Plutôt que perte, il serait mieux de dire inimitable. La complexité des rapports est telle aujourd'hui qu'il est impossible de tirer de là une seule et unique idée, claire, bien lisible et radicale, simple au fond. Les stimulations et les contacts nous viennent de toutes parts, tout cela se croise et s'enchevêtre pour former un tissu dont on ne peut nier la complexité face à quoi il serait vain ou artificiel de faire comme devant un tout intégral et homogène. Et cela dépasse largement le cadre de l'architecture. C'est l'époque, c'est comme ça. Il peut nous sembler que nous vivons une période de grande dissolution, mais ce n'est qu'apparent selon moi car les rapports et leurs significations indiquent des perspectives ouvertes et prometteuses que je ne peux appeler progrès — mot trop ambigu — mais que la vie telle qu'elle s'invente au contact de nouvelles possibilités se chargera d'ordonner.

De la confusion, un ordre peut déboucher ?

Je ne parlerais pas de confusion, mais de considération multiple, vu la situation plus fragmentaire mais aussi plus ouverte. C'est encore très fragmenté, je sais, et il est difficile d'y voir clair. Chaque jour, une nouvelle surprise. C'est notre condition, nous en sommes là. On ne peut faire autrement que reconnaître ces conditions comme les nôtres sinon il ne reste qu'à se retirer de tout. En effet, nous ne devrions pas dire confusion, mais accélération et multiplication des rapports et des trajectoires. Alors bien sûr, si l'on compare cela avec cette utopie si précise et si claire qu'est la vie dans un couvent cistercien où tout est ordonné, hiérarchisé… Voyons plutôt cela comme une parenthèse dans le temps qui touche à la perfection. C'est en ruine, on le récupère. Mais le temps est passé, disons une certaine mesure du temps — et cette qualité-là est passée.

Vous mentionniez tout à l'heure la venue de Le Corbusier au Thoronet. Vous connaissez l'histoire : sa visite sur les conseils éclairés du père Couturier, la commande d'un couvent dit la Tourette qui deviendra une icône de la modernité. Comment comprenez-vous cette invitation, ce déplacement et le rapport avec la Tourette ?

Bien que n'étant pas confronté au même programme, il a développé, comme à Ronchamp et comme tout ce qu'il a fait dans sa vie, un programme « de vie » qui est au cœur d'une recherche, qu'il développe à la moindre occasion. La Tourette, programme nouveau pour Le Corbusier, en est un bel exemple. Sans doute faut-il comprendre l'apport du Thoronet à la Tourette comme une contribution au grand bond de sa recherche faite de tant d'autres apports et de voyages au Brésil, en Inde… Son expérience de voir l'architecture était telle qu'il était en mesure de mettre chaque rencontre dans un coin de sa tête mêlée au reste. L'utilisation de la couverture du cloître par exemple — c'est très clair —, le volume du lavabo aussi, même si cet élément n'est pas rare dans beaucoup d'autres couvents. En effet, tout cela est présent à la Tourette. Mais il ne s'agit pas de copie, d'emprunt systématique. C'est comme faire remonter d'une archive mentale ce que les stimulations appellent. Lui qui aimait tant la lumière et les espaces a probablement été ému en venant ici. Certainement a-t-il été explicitement impressionné par le Thoronet au point d'en retenir quelque chose mais je ne pense pas qu'il se soit dit en faisant la Tourette qu'il allait prendre ceci et cela. Les grands architectes ne font jamais de transpositions directes et, quand ils le font, ça ne donne rien. Le Thoronet pour Le Corbusier est une expérience parmi d'autres, aussi émouvantes — peut-être plus, peut-être autant, nous ne le savons pas — et grâce à quoi, pour un esprit aussi fertile que le sien, il y a la Tourette.

Vous-même et les influences ?

Tu parlais tout à l'heure de Frank Lloyd Wright. Je ne sais ce qui de mon grand intérêt pour lui s'est reporté dans mes projets. Sans doute que mes visites et ma connaissance de son œuvre ont eu une influence. Mais ça n'est pas si grave d'être directement inspiré puisque ça s'ajoute à d'autres expériences et se transforme avec elles. Quand on est concentré sur un travail précis, il ne faut pas croire que l'on convoque les modèles. C'est plus mystérieux que cela. Imaginons la construction d'un stade par exemple. Bien sûr qu'il faut collecter bien des données : les dimensions, les rapports entre différentes choses, s'informer des règles en vigueur, éviter les écueils, etc. Mais quant à la construction, à l'architecture proprement dite, au langage, c'est autre chose. Depuis l'enfance nous accumulons des expériences qui nous fondent et dont il est difficile de détecter la présence, l'expression et les formes qu'elles prennent. C'est le travail des psychanalystes et des psychologues et encore… Il reste bien difficile d'explorer l'origine qui explique une activité ou une production humaines.

Votre enfance justement, passée au Portugal pays concerné historiquement et culturellement par la religion et l'Église, vous rapproche-t-elle plus particulièrement des lieux religieux ?

Bien sûr, ce sont des lieux particuliers, significatifs pour moi. Il m'est arrivé de relire des écrits concernant l'église de Marco de Canaveses que j'ai faite où je fais part d'expériences intérieures qui ne concernent pas immédiatement l'architecture. J'ai beaucoup parlé et échangé avec des théologiens de Porto et d'autres sur ce que c'est qu'une ambiance religieuse, la lumière, etc. Sans doute ces conversations ont-elles contribué au projet comme bien d'autres expériences. C'est après que l'on sait, éventuellement, le pourquoi et le comment des choses.
Je me souviens par exemple de l'inconfort que représentaient pour moi, enfant, la messe et l'église. Celle où nous allions était obscure et fermée. J'avais envie de sortir, je trouvais cela asphyxiant. Peut-être qu'il est permis d'expliquer l'abondance de lumière à Marco à partir de cela. Quand on me parle de cette longue fenêtre horizontale, que certains jugent « distrayante », j'ai à l'esprit cette sensation d'enfant. Ai-je voulu introduire dans le bâtiment une évasion, une échappée possibles ? D'autres peuvent l'interpréter différemment comme, par exemple, l'ouverture de l'Église d'aujourd'hui à la vie, au monde extérieur. Pour ma part, je n'ai pas songé à cela.

Depuis votre arrivée, vous n'avez cessé d'évoquer d'autres architectes, d'autres architectures et certains de vos travaux, à quoi tel ou tel aspect du Thoronet vous ont fait penser. Concernant quelques murs ruinés consolidés à la mode romantique comme cela se faisait autrefois, vous avez exprimé la difficulté qu'il y a à faire quelque chose à partir d'une ruine. Vous faisiez référence à un projet que vous avez au Cap-Vert : la récupération d'une immense cathédrale partiellement ruinée.

Le thème de la ruine est très intéressant et difficile. Quand on fait une récupération, il y a différentes positions : récupérer intégralement ou transformer de façon plus ou moins visible. Je suis plutôt partisan — du moins pour le moment — d'une récupération de la manière la plus intègre possible. Ce qui réclame un certain effacement. Ce que je n'aime pas, c'est l'obsession de quelques architectes tellement soucieux d'exister et de signer leur intervention qu'ils se voient obligés de s'élever au-dessus de ce qui réclame peut-être, sûrement, beaucoup plus de discrétion. Beaucoup de choses ont été perdues ces derniers temps, une quantité de choses. Et comme je crois à la continuité plutôt qu'à la rupture en architecture, vu son évolution, j'accorde beaucoup d'importance à ce qui résiste, aux témoignages de ce qu'on faisait avant. L'attention portée aux choses concrètes, matérielles, réelles au-delà de ce qu'en disent les études, constitue comme une base pour l'évolution de l'architecture même si des changements technologiques énormes semblent nous dire que cette attention est vaine. Cette sorte de continuité, qui ne s'est jamais absentée en dépit de ce que certains peuvent dire, est indispensable pour moi. Voilà ce que l'on doit faire des ruines : leur récupération intégrale.

Comment cela est-il possible ?

Certes, il y a des problèmes pratiques car, si l'on ne fait rien, c'est la dégradation rapide, puis la disparition. Il s'agit donc de trouver un équilibre difficile entre consolidation et préservation. J'ai, sur cette question difficile, changé de point de vue en raison de la question liée à la précédente à savoir la réutilisation des bâtiments. Regarde le Thoronet : lui, n'a pas été réutilisé. C'est un témoignage intégral. Mais, dans d'autres cas, une nouvelle affectation, une nouvelle utilisation se pose.

Comme au Cap-Vert dans le cas de cette cathédrale ?

Oui. C'est un lieu qui se destine à la vie sociale et culturelle d'une ville qui manque de ce genre d'équipements. Dans la difficulté de réaliser un autre bâtiment, il faut bien intégrer dans celui-ci des fonctions en maintenant toutefois l'intégrité de cet édifice auquel la population est très attachée ; le plus ancien bâtiment européen en Afrique à ma connaissance.

Nous avons observé ici, dans la géométrie très stricte de l'abbaye, l'émergence, la présence de rochers qui font corps avec le bâti. C'est vrai dans le cloître, la salle capitulaire… On ne peut manquer d'évoquer alors le restaurant Boa Nova ou la piscine de Leça da Palmeira à Matosinhos où les rochers aussi participent de l'architecture. Vous évoquiez à ce propos et au cours des journées ici, Alvar Aalto.

Cette histoire des pierres et des rochers que l'on retrouve dans l'architecture commence d'abord — je crois qu'on peut le dire — pour des raisons pratiques, économiques. Il s'agit de profiter d'un matériau déjà là et d'une base pour la construction à venir déjà là aussi. D'où ces rochers apparents difficiles à extraire et fiables.

Mais la sensation merveilleuse éprouvée au contact de cette rencontre entre la nature et la construction comme à l'occasion de mon voyage au Machu Picchu et, comme ici, concerne d'autres domaines ! Je parle de cette manière de mettre à profit des situations naturelles en les détournant, en en profitant à des fins intentionnelles d'architecture comme la découpe d'un banc qui semble naturel dans la pierre. Cette utilisation des choses présentes dans la nature pour le confort va au-delà du caractère matériel et pratique. Au Machu Picchu, on voit très bien cette façon de donner une forme à des fins sculpturales. Je me souviens par exemple d'un très bel autel dans un rocher coupé ; une sculpture magnifique. Aussi, d'un ensemble de pierres énormes qui, après examen, se révèle être une composition extrêmement cohérente et sage, à partir de pierres retirées d'un endroit pour être installées ailleurs, en haut de la carrière. On voit comment la surface est laissée telle quelle après l'extraction mais avec cependant quelques touches géométriques, travaillées à des fins que j'ignore mais tout à fait émouvantes qui transforment ici ou là ce qui n'était qu'irrégularités naturelles, en bas-relief suggéré. De loin, c'est très difficile à voir, mais quand le soleil est dans une certaine position, on voit très bien comment cela a été travaillé. Voilà comment ce qui, par obligation économique ou par souci de solidité, se retrouve être rattaché à la beauté et à l'invention.

Sur l'un des côtés de l'abbatiale, vous avez fait référence à ces aspérités apparemment accidentelles, mais en fait travaillées intentionnellement selon vous.

C'est vrai que ces pierres étant sur place ou dans les environs, on les a extraites et exploitées. Mais l'intention ne se limite pas à cela. Elles font partie de la démarche qui visait à produire de la beauté.

À propos de la lumière, nous avons découvert, à la fin du jour, par quel éclat l'intérieur de l'abbatiale était gagné en dépit du petit nombre d'ouvertures et de leur dimension modeste. Vous avez même fait cette remarque que je reprends : « Aussi peu d'ouvertures et tant de lumière ». Je me souviens qu'à propos du Centre galicien d'Art contemporain de Saint-Jacques-de-Compostelle, vous m'aviez dit que vous aviez divisé par quatre ce que les ingénieurs avec leurs calculs avaient prévu en lumière. Qu'est-ce que cela vous inspire à nouveau ?

Dans certains lieux et dans certaines villes, la quantité de lumière qui est exigée est tout à fait excessive au point d'être inconfortable. D'ailleurs, je suis à ce propos au cœur d'une polémique concernant, au Portugal, l'illumination de la marginale de Matosinhos et celle de Vila do Conde. D'après nos calculs, la quantité de lumière est suffisante. Certaines personnes influentes dans l'opinion estiment toutefois que ce n'est pas suffisant. La raison avancée est la sécurité comme si l'insécurité des villes et des quartiers provenait d'un défaut d'illumination. À la fin, tout cela devient très inconfortable et rend la dépense irrationnellement coûteuse.

Concernant les bâtiments, je crois que les normes en vigueur sont le fait des fabricants et des marchands dont l'intérêt est évident. En outre, il arrive que les ingénieurs — et celui avec qui je travaille sur ces questions est très bien — ignorent la couleur des murs ou même la forme du bâtiment. Dans ces conditions, il est difficile de bien estimer la quantité de lumière.
Ce qui se passe ici, c'est que la courbe de l'abside derrière le chœur fonctionne comme un immense réflecteur. Avec en plus l'orientation des ouvertures, on a ces invasions de lumière diffusée dans une mesure juste. Car une des sensations d'obscurité brutale et gênante que l'on a parfois succède souvent à l'abondance de lumière à laquelle on a pu être soumis avant. Trop de lumière, fait naître des trous noirs. Il faut songer à mesurer toutes ces choses.

À propos du cours d'eau qui a laissé son lit bien visible au Thoronet, on a évoqué Fernando Távora pour qui les cours d'eau et les traces en général donnaient lieu à de véritables leçons d'architecture comme à Ponte de Lima. On pense encore à la place qu'a occupée l'ensemble du réseau hydraulique dans les jardins à Saint-Jacques, déterminant dans la formation du musée. Est-ce que l'on peut commenter ces parcours, ces circonstances qui, utilisées, peuvent donner des formes ?

Ce sont des indications précieuses car l'eau a à voir avec la topographie et dans un couvent comme celui de Ponte de Lima et d'autres, le rapport avec l'utilisation de la terre, du sol, de l'agriculture est très important. La forme est celle du bon sens. Il y a au Portugal, ainsi qu'en Espagne, cette sagesse de la tradition arabe concernant l'utilisation de l'eau : un réseau, des fontaines, des jardins comme l'Alhambra. On assiste à la grande liaison entre les voies d'eau, les cheminements et leur utilisation dans tout le bâtiment. Au Thoronet comme à Alcobaça, une des architectures cisterciennes au Portugal, et à Ponte de Lima, l'eau qui vient pour alimenter les terrains est partiellement déviée pour rentrer dans les cuisines. C'est sûrement une indication, une aide très précise pour trouver la juste implantation. À Saint-Jacques, ça a été déterminant car l'eau partie d'en haut fait des zigzags pour alimenter progressivement les fontaines et irriguer les terrasses. C'est toujours en zigzag pour occuper toute l'étendue du jardin. Celui que ça intéresse peut toujours observer que les rampes du musée et les parcours reprennent la forme en lacets dans la continuité de la logique et de l'utilisation de l'eau sur le terrain.

Au terme de ces trois journées passées ici, une idée vous est-elle venue ?

Il me reste encore à étudier la chose pour être plus précis. Mais je peux dire que ce qui m'a impressionné durant toute la visite, c'est la façon dont tout cela fonctionne : les entrées, le rapport avec l'extérieur, la hiérarchisation des tâches à l'intérieur et au sein de la communauté… Dans une certaine mesure, j'aimerais refaire, retrouver l'approche du bâtiment à son entrée comme il pouvait en être à l'origine. Ce qui m'a le plus impressionné, c'est l'accès frontal et direct à l'église qui n'est pas en accord avec ce que c'était avant ni même avec la réalité du bâtiment. La façade de l'église n'est pas faite pour qu'on y entre mais, au contraire, pour qu'on en sorte. Je pourrais alors être intéressé de refaire le parcours d'entrée des visiteurs que sont les nouveaux hôtes de l'abbaye en passant précisément du côté de l'hôtellerie, vers le bâtiment des convers, pour ensuite par le biais des galeries, rejoindre le cloître et l'ensemble du bâtiment pour enfin sortir par la façade, par la porte de la mort comme on l'appelait puisque c'est par là que les moines morts étaient enlevés pour ensuite être enterrés dans le cimetière tout proche. Rendre tout cela plus clair.

UN PARCOURS

Édifiée en 1146, l'abbaye du Thoronet, au cœur de la forêt méditerranéenne, témoigne de ce qu'était au Moyen Âge la retraite des moines au « désert » et de ce que fut la volonté des réformateurs cisterciens de se conformer strictement à cette caractéristique de la vie monastique.

Elle est considérée comme l'un des monuments majeurs de l'architecture romane en Provence. Par sa sobriété et son austérité, elle est exemplaire pour des générations d'architectes modernes et contemporains orientés par la simplicité et/ou le minimalisme.

Un an après John Pawson en 2006, l'invitation faite à Álvaro Siza de présenter son travail dans la prestigieuse abbaye cistercienne, à la fois cadre et référence architecturale, est un événement. Plutôt qu'une exposition, l'architecte a proposé un vrai projet d'architecture — un parcours — première intervention réalisée par lui en France.

Après s'être rendu sur place à la fin de l'été 2006 et en janvier 2007, Álvaro Siza a conçu un itinéraire dérobé, celui qu'empruntaient les moines du XIIe siècle. Par cette proposition respectueuse du lieu, les visiteurs étaient invités à saisir le sens constructif de l'abbaye et comprendre les anciens usages.

De sa proposition, il dit ceci :

« L'abbaye n'a pas été construite pour être visitée comme à présent et l'on y accédait autrement qu'aujourd'hui. Les seuls visiteurs — car il y en avait — entraient par l'hôtellerie. Les touristes et les visiteurs actuels sont les nouveaux hôtes de l'abbaye. Je propose de leur faire prendre ce même itinéraire qui conduit d'un point à un autre en passant par l'hostellerie de telle façon qu'à la découverte actuelle, directe et immédiate, succède une approche plus conforme à l'esprit et à la composition des lieux. »

Par le mouvement et la déambulation, Siza révèle la pertinence et le parti d'une architecture que tous s'accordent à dire *moderne*, entendons par là qu'elle anticipe, plus de 800 ans auparavant, les fondements de la modernité en architecture. Après s'être rendu sur place, Le Corbusier, projetant le futur couvent de la Tourette, dit avoir trouvé au Thoronet « un monastère à l'état pur ». Fernand Pouillon s'en inspire pour son roman *Les pierres sauvages*.

Une porte stylisée en bois, une flèche en marbre, des garde-corps en métal : ce sont les points d'ancrage de ce parcours qui s'inscrit dans la lignée de ces grands échanges qu'entretient le Thoronet avec la pensée.

(como vezes sei, como noutros casos)

Tenho a impressão ~~leiro~~

~~Espero não~~ ouvir dizer que a intervenção em Thoronet

é minimalista. Ela é ~~o projecto ...~~

quase brutal e ~~significa~~ pretende repor a verdade do projecto original

~~historico; foi posto ... do projecto~~

~~de Thoronet.~~ feito

O acesso ~~que hoje se faz~~ pela a porta do Norte ~~...~~ ao

porta aberta ao ~~...~~ amor outro percurso para o cemitério ao

~~... no ... a um monge~~ logo

~~enterrado no cemi~~ o último andar a um monge já

~~transporte pela porta de ... acesso ao defuntos~~

~~claustro~~ espaço de distribuição geral do ~~acesso~~ amplexo

é transporte p/ a porte de acesso ao ~~... função do convento~~

directa ao claustro direita

~~A porta agora usada como ... de~~

espaço distribuidor que ~~...~~ serve integralmente

a vida do convento.

LE THORONET

J'espère que l'on ne dira pas une fois encore, et comme souvent, qu'il s'agit d'une intervention minimaliste.

Au contraire, elle est presque brutale. En rendant la perception de l'architecture immédiate, elle transforme le Thoronet.

Elle permet de comprendre la raison de sa beauté qu'elle doit à sa fonction d'origine, perdue, et pourtant…

Elle restitue la vérité même si ça n'est qu'un mensonge.

La « Porte de la Mort », sortie la plus proche du cimetière et de l'ultime adieu au moine, n'est plus l'entrée principale qu'elle n'a d'ailleurs jamais été.

On retrouve l'accès direct par le cloître qui renvoie aux espaces de vie collective et individuelle de la communauté, d'usage courant, quand le Thoronet n'était pas un monument visitable que l'on connaît.

Il est besoin de peu de chose pour retrouver pleinement l'intelligence et la clarté du projet du couvent : une flèche, un poteau, un câble tendu, des yeux ouverts.

L'influence du dessin n'est pas en rapport avec l'irrépressible désir d'être influent.

Álvaro Siza
Nice, mai 2007

[Traduit du portugais par Dominique Machabert]

« UNE FLÈCHE, UN POTEAU, UN CÂBLE TENDU, DES YEUX OUVERTS »

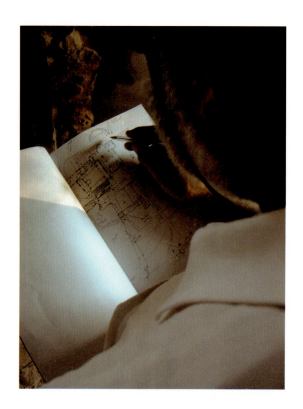

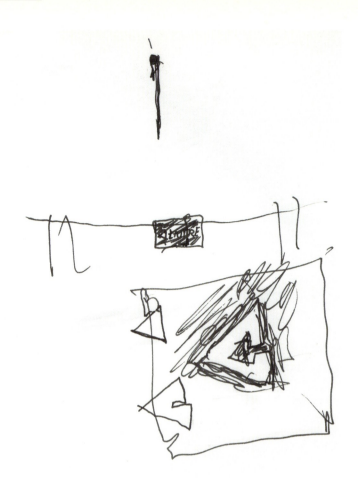
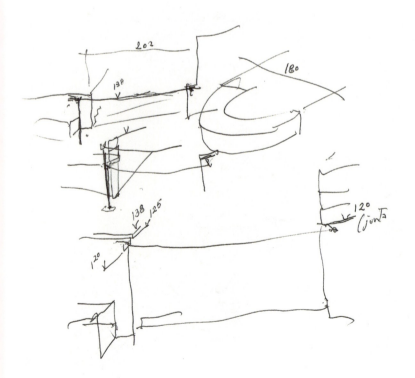

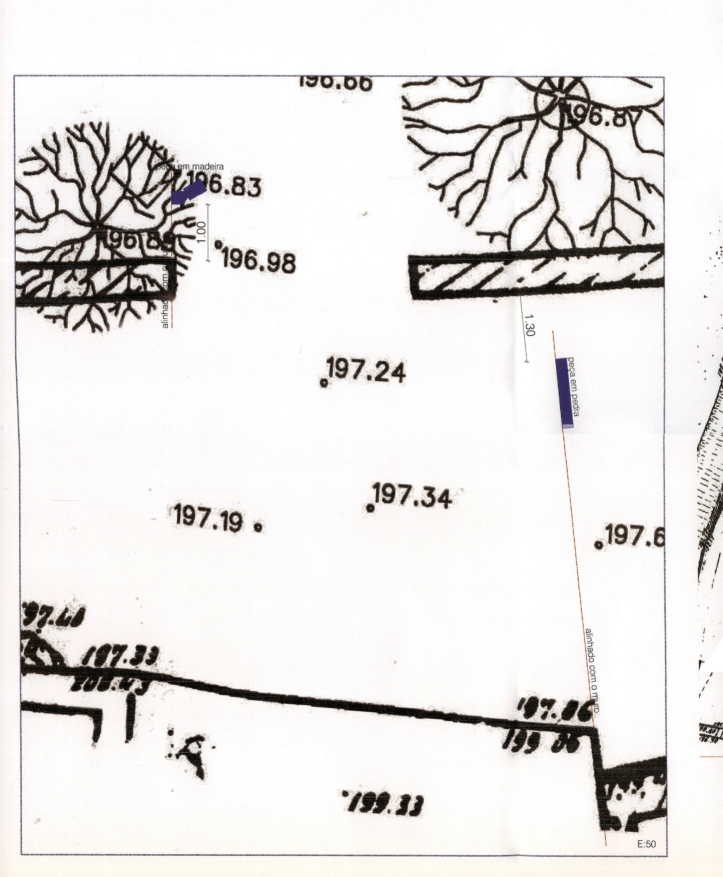

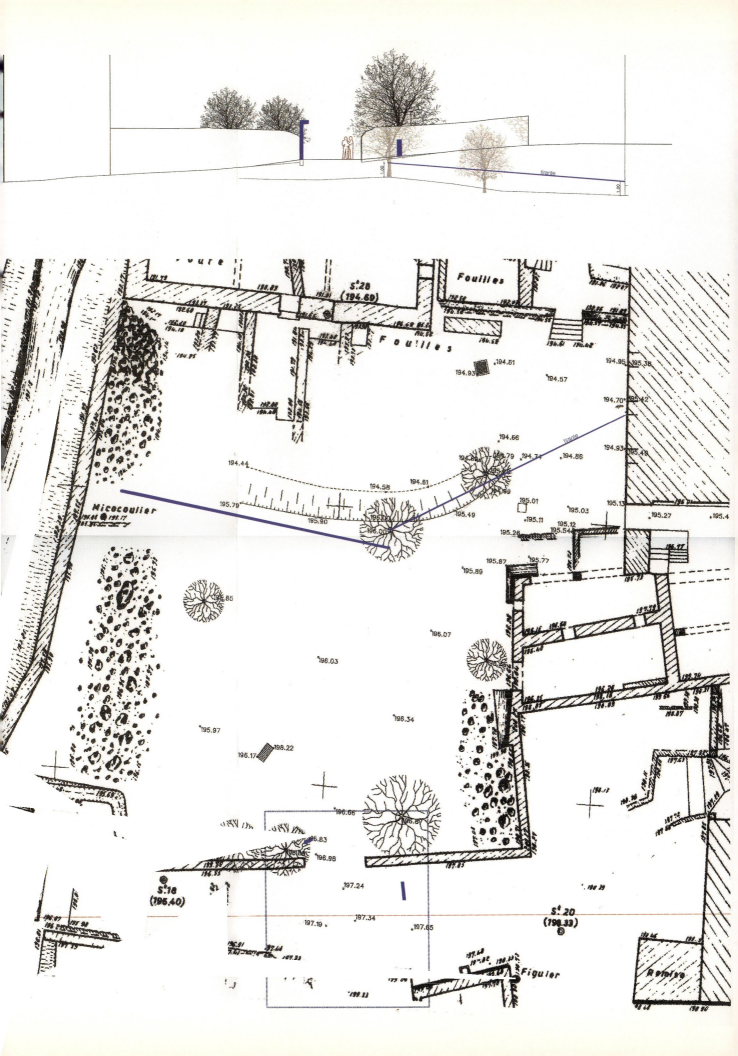

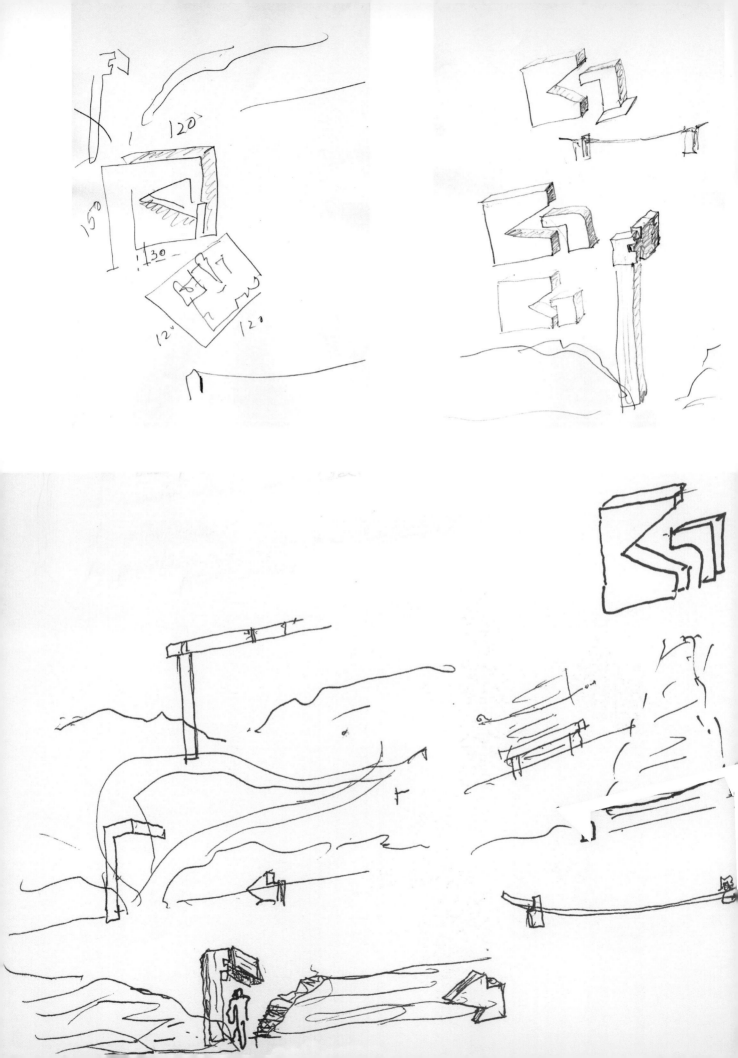

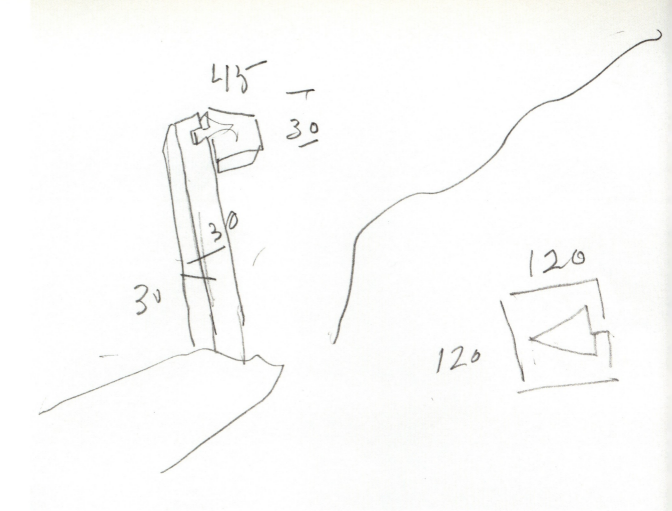

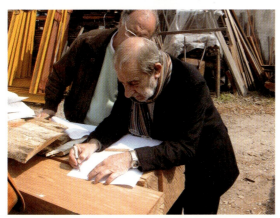

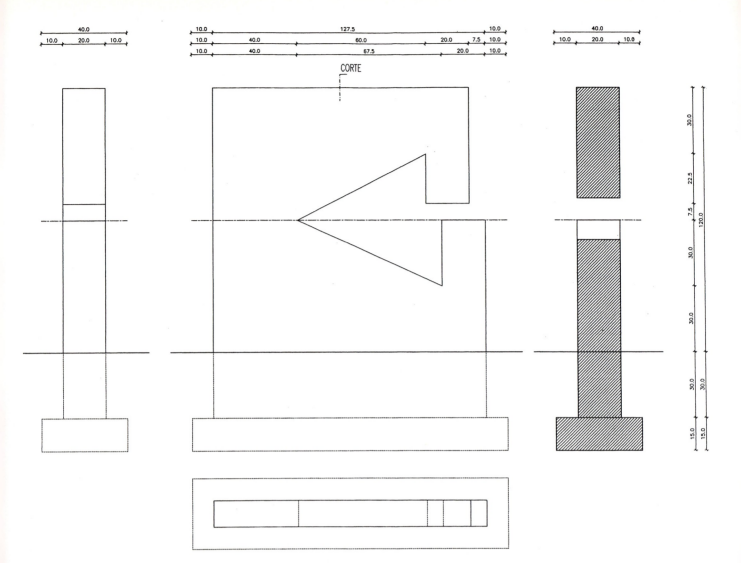

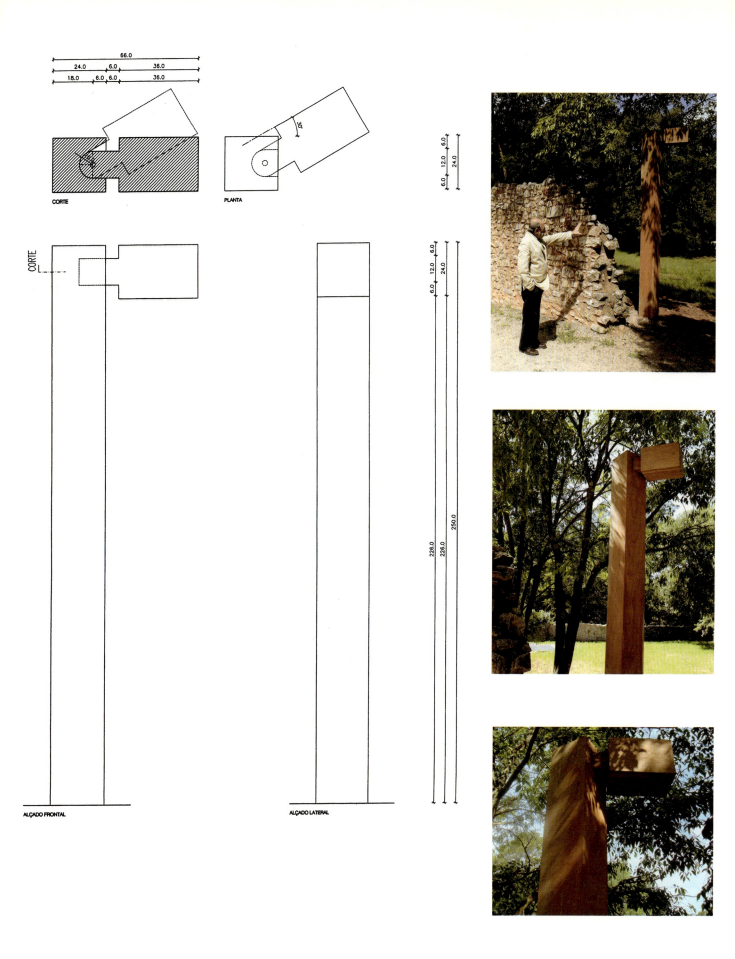

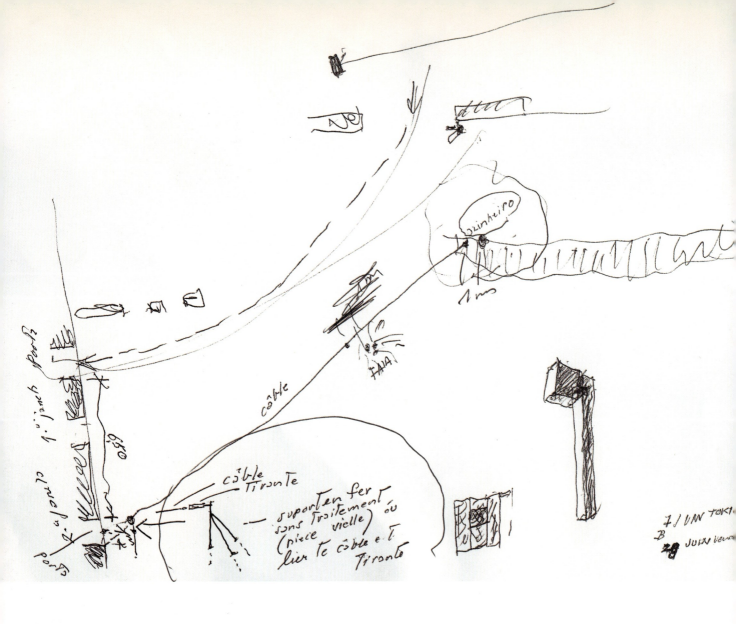

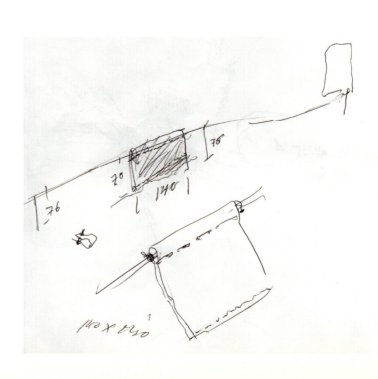

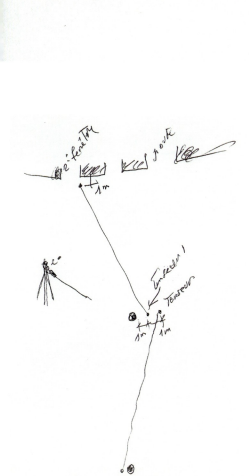

LE PARCOURS ET L'ŒUVRE

À partir du travail d'Álvaro Siza au Thoronet, il était opportun de mettre le thème du parcours en perspective avec d'autres de ses travaux. Sept d'entre eux situés en Italie, en Espagne et au Portugal ont été choisis et sept auteurs, architectes, philosophe, journaliste, écrivain. Tous, familiers de l'architecture d'Álvaro Siza, témoignent de la manifestation du mouvement, du déplacement, de l'orientation, des traces en différents moments et lieux de son travail. Ils racontent comment eux-mêmes se sont trouvés pris dans un sillage. Dans l'ordre de présence au paysage : Roberto Collovà et Eduardo Souto de Moura accompagnent Álvaro Siza sur le site archéologique de Cusa en Sicile. Laurent Beaudouin retourne à Matosinhos au restaurant Boa Nova à proximité du monument Antonio Nobre et à deux pas de la piscine de Leça da Palmeira dont Marc Barani se souvient. Dominique Machabert, plus au sud, relève les traces de Siza dans le quartier de Malagueira à Evora. Carlos Seoane était là au cours de l'élaboration du Centre galicien d'art contemporain à Saint-Jacques-de-Compostelle. Nuno Higino est le commanditaire fervent d'un projet d'église à Marco de Canaveses. Carlos Machado visite la maison Vieira de Castro à Famalicão.

SUR LE SITE ARCHÉOLOGIQUE DE CUSA, SICILE, ITALIE, 1980

LA DESCRIPTION EST UN PROJET

Eduardo Souto de Moura et Roberto Collová

« MÉMOIRE MONTAGE »

La différence entre architecture et construction, c'est que la première parvient à créer des émotions. Pour cela, il y faut du talent, autrement dit que l'architecte soit cultivé et sensible. C'est à ces deux conditions. Pour le reste et comme le dit Álvaro Siza, « de projets intelligents, l'Enfer en est plein ».

Tout au long de l'Histoire, les architectes ont tenté de faire en sorte que leur métier dépasse la fonction de réaliser des abris et ils se sont servis de plusieurs thèmes/stratégies : les proportions (entre les parties), l'adéquation (de l'ensemble) au paysage, le choix des matériaux, le programme, la création de nouvelles fonctions, etc. D'entre eux, un autre thème, lui aussi exploré tout au long de l'Histoire, vise une certaine dynamique plastique de l'objet. Ceci afin de ne pas l'isoler, de ne pas l'enfermer mais plutôt qu'il bénéficie de continuité. Cette continuité s'obtient par association d'épisodes, de lieux et même de manies qui, se faisant, construit un ordre narratif propre, accessible et reconnu collectivement comme « lieu ». La technique utilisée pour cette association, en termes automobiles, s'appelle « passer les vitesses », dans le cinéma, c'est un « travelling » et en architecture, Le Corbusier, dans *Précisions sur un état présent de l'architecture et de l'urbanisme,* la décrit comme « La promenade architecturale ». Je le cite : « Je dessine un bonhomme. Je le fais entrer dans la maison ; il découvre telle grandeur, telle forme de pièce et surtout tel afflux de lumière par la fenêtre ou le pan de verre. Il avance : autre volume, autre arrivée de lumière. Plus loin, autre source lumineuse ; plus loin encore, inondation de lumière et pénombre tout à côté, etc. » (p. 132).

Que reste-t-il des pyramides sans l'approche du désert quand on vient des rues du Caire ? Ou du Panthéon sans le parcours en pente jusqu'au cercle de lumière zénithale, ou encore du Capitole de Rome sans l'escalier et la sculpture de Marc-Aurèle ? La *Piscina Mirabilis* vue du dessus rasant la lumière zénithale. Descendant dans la piscine de Leça, l'Atlantique disparaît et réapparaît sur la plage. Pour la visite des thermes de Vals (Suisse, par Peter Zumthor), il est gênant de ne pas savoir nager !

Le projet de Álvaro Siza à Cusa, c'est comme le texte de Herberto Helder, *Cobra — Memória Montagem*. Un texte didactique qui nous fait comprendre le « temps », les temples, avec les éléments qui les composent, les opérations qui permettent de les réaliser et de les monter, sans ressentir d'effort à les regarder, en toute quiétude. Voilà ce que c'est que « voir », parce que nous les avons déjà compris.

Le projet esquissé par Álvaro Siza, saisi en photos par Roberto Collová et après de longues conversations avec le professeur Tusa portant sur l'archéologie, a consisté à :

— Définir un point de départ, en aval, où les voitures et les bus resteraient tranquilles, sans perturber.
— Indiquer le chemin, physiquement, pour donner un sens au montage et à la reconstruction de la mémoire de ce chaos.
— Proposer un angle de vision, en courbant le paysage sans que le spectateur s'aperçoive du truc, parce que c'est seulement comme ça, sans effort, qu'il est possible d'absorber le programme.
— Comprendre que Cusa c'est Sélinonte absente et, par conséquent, l'image doit être plus inquiétante.
— Revenir au point de départ sans s'apercevoir que nous avons déjà fait demi-tour et que le retour est le nouveau point de départ, un nouvel élan à l'insu de toutes décisions. La limite de l'architecture, c'est ça, exactement ça : savoir qu'elle peut provoquer des émotions, des impulsions qui échappent à l'intention. Prévoir ne sert à rien, tout au contraire. C'est alors que nous parviennent « des parties enflammées dans le paysage, quand nous voyons la mémoire se déplacer de l'extérieur à l'intérieur » que nous n'aurions pas su dessiner. Ces points ont été le scénario que nous avons suivi pendant trois jours, trois études, trois circuits. Au retour, j'imagine le film au montage, fragment par fragment, pierre par pierre, la colonne, la base, le fût, le chapiteau, l'architrave, le fronton… la forme totale du temple projetée sur la mer de Sélinonte et alors oui… « le film est projeté en nous les projecteurs ».

[Eduardo Souto de Moura, *traduit du portugais par Laurent Scanga*]

LE LIEU

Les carrières de Cusa se situent en Sicile, le long de la côte méridionale, près de l'antique ville de Sélinonte.
Du VIe au Ve siècle avant J.-C., les habitants de Sélinonte extrairont des carrières les pierres pour construire les temples C, F et le gigantesque temple G, qui restera inachevé. Une partie des blocs de ses colonnes est encore dans la carrière. Comme le rapporte Annelise Peschlow-Bindokat qui, durant cinq ans, a conduit les recherches pour le compte de l'institut allemand d'Archéologie de Berlin, six colonnes hautes de 15 m pourraient être encore construites. Ce sont des blocs de tuf calcaire de 3,60 m de diamètre, d'une hauteur pouvant atteindre 4,30 m et d'un poids frôlant les 70 tonnes chacun. La carrière se situe à environ 11 km de Sélinonte. Les rochers et les blocs étaient acheminés sur le chantier grâce à des systèmes de transport et de levage complexes.
L'interruption définitive de l'activité des carrières comme à Sélinonte semble avoir été soudaine. D'où ces quelques blocs modelés et taillés mais encore solidaires de la masse rocheuse.

D'autres, totalement extraits, sont proches du site, d'autres encore semblent rouler dans la campagne, abandonnés le long de la voie d'accès.
D'après le récit de Diodore de Sicile, l'événement inattendu se serait produit lors du siège et de la destruction de la ville par Hannibal en 409 avant J.-C.

FAITS ANTÉRIEURS

En 1980 un groupe de professeurs de la faculté de Palerme, coordonné par Pierluigi Nicolin, organisa, avec treize communes du Belice touchées par le tremblement de terre de 1968, à l'instigation de Ludovico Corrao, maire de Gibellina, un Laboratoire de recherche sur les différentes problématiques et spécificités de reconstruction sur ce territoire.
Pour encadrer l'opération, des architectes italiens et étrangers furent invités comme Umberto Riva, Bruno Minardi, O. Matias Ungers, Álvaro Siza Vieira… Chaque groupe, avec ses thématiques à étudier, sur deux sites différents, était composé d'un architecte responsable accompagné d'un ou deux assistants siciliens et de quelques étudiants. Le groupe d'Álvaro Siza comptait notamment Eduardo Souto de Moura, Nuno Lopes et Roberto Collovà. Il lui était

assigné les sites du centre historique de Salemi, pour la thématique « espaces et édifices publics » et celui de Cusa pour la question de l'« accès aux temples » en rapport donc avec l'archéologie.
Pour Salemi, un mois de travail avait suffi. Chacun d'entre nous avait étudié une petite partie de la stratégie et les différents projets s'étaient appliqués à apporter des résolutions à des situations simples ou particulières sans négliger le plan général qui signalait les points sensibles et la façon de les aborder.
Pour Cusa, le problème était différent tant l'objet du travail était impalpable.
C'est pourquoi, appartenant au groupe de Siza, nous avons été les témoins discrets d'une prodigieuse opération, didactique, j'en suis sûr, pour tous. La densité du problème et l'émotion provoquées par le lieu étaient telles qu'il était impossible d'en partager quelque chose avec quiconque. Dans les carrières, on ne pouvait qu'être seul. Mais pour l'heure, nous n'en savions encore rien. Nous pensions qu'il s'agissait d'une immersion dans les lieux après quoi nous travaillerions le projet. Mais enfin, que pouvions-nous faire d'un lieu pareil ?
D'autres architectes, de façon plus ou moins bruyante, n'auraient pas renoncé à laisser un signe de leur passage ; que sais-je ? une *porte*, un *seuil*, une *place*, une *voie d'accès*.
En général, on ne peut pas dire, surtout en Italie, que les travaux supposés rendre l'archéologie accessible brillent par leur légèreté. Si, de surcroît, ils sont réalisés par les institutions de sauvegarde du patrimoine, alors ils produisent d'après ce que leur idéologie a de moins pire.

Au contraire de cela, et depuis le début, les gestes et les indications de Siza visaient à créer les conditions du travail ou, mieux encore, les conditions de l'observation, en se posant par exemple ce genre de question : qu'est-ce que je suis venu faire ici ?
Siza nous invita à explorer et à dessiner en nous recommandant toutefois de ne pas faire de dessins avant la rencontre, mais de faire celui du premier regard, du rapport intuitif, de ne jamais aller au-delà sans d'abord avoir vu.
Ainsi libéré de nous-mêmes et des autres, chacun put explorer l'endroit sans détourner son attention, à mi-chemin entre observation scientifique et rapport d'empathie. Cette immersion totale dans le sujet nous conduisit à une immersion dans un autre temps et dans un espace qui renvoyait sans cesse dans un autre lieu.
La carrière obligeait à imaginer le chantier et la construction des temples tout proches.
Chacun de nous produisit quelques dessins avec maladresse et timidité. Non loin de là Siza faisait ses esquisses, extraordinaires. Je me rendis compte alors que faire et refaire un dessin conduit, par tâtonnement, à une forme simplifiée et essentielle. Observer Siza au travail, même à distance, était réconfortant. Cet exercice, cet entraînement était à la portée de tous.

En vérité, Siza se référait, à travers sa recommandation, à la simultanéité de la compréhension et du langage, de la description d'une ambiance et de sa transformation, même imperceptible, à travers nos propres regards.

En quelques jours, Siza avait produit trois séries de dessins, que je nommais premier, second et troisième voyages…

Dans le premier voyage, l'hypothèse était d'utiliser l'accès actuel par la route qui vient à la fois de Campobello Di Mazzara et de Toretta Granitola et de construire, au-delà des trois métairies près du carrefour, une espèce d'obstacle à dépasser, un élément artificiel comme une excavation, un mur, une légère élévation du terrain d'où apparaîtrait — surprise — le mur de la carrière. Le visiteur serait ainsi projeté dans un autre espace.

Le second voyage était celui du vrai saut, celui du passage du vraisemblable à l'abstrait. Siza, après une observation détaillée de la carrière, longue de 1 700 m, abandonnait l'hypothèse d'une construction physique de la discontinuité de l'espace à la faveur d'un retour dans le temps. Son hypothèse était de ne se consacrer qu'à l'itinéraire et au regard du visiteur. Ainsi la découverte graduelle de la carrière en relation avec l'orientation et l'échelle

des différents éléments de la campagne environnante, ouvrait sur une apparition floue mais surprenante des parois de la carrière, juste au sortir de l'oliveraie.

Il se pourrait aussi, qu'arrivant de Campobello à travers les vignes et les oliviers perpendiculairement aux carrières, l'on bute soudainement sur les tourbières.

Le troisième voyage prévoyait de longer entièrement les tourbières jusqu'à la carrière, pour revenir ensuite au carrefour, entre les métairies, lieu de l'accès actuel.

Mais quelle a été pour nous l'expérience de Cusa avec Siza ?
Une espèce de leçon muette sans doute.

Le parcours-œuvre de Cusa, ramené à une pure vision, était d'abord une expérience personnelle de Siza : une façon de voir et une façon de faire.

Mais si l'expérience de l'auteur de ces esquisses demeurait personnelle et incomparable, la façon de faire, elle, est descriptible et rend possible l'idée d'un passage du regarder au voir.

Cette intervention à Cusa a été pour moi, surtout, une expérience didactique. Nous n'avons rien fait d'autre que d'observer sa manière de décrire et, par là, sa manière de rendre ce lieu magique.

Nous ne pouvions comprendre qu'en partie et seulement à la fin, et continuer encore à comprendre bien des années plus tard, cette autre façon de faire un projet, qu'à la condition d'accepter que le travail de Siza à Cusa, avec ses trois séries de dessins, ses trois expériences d'un lieu hors du temps, à la fois si concret, précis et actuel, était un vrai projet. De là, nous savions un peu plus comment faire dans notre propre travail devenu moins inquiétant et un peu plus aisé.

Du regard attentif et émerveillé qu'il portait, Siza ne faisait que décrire ce qu'il voyait alors que notre souci de vraisemblance et l'obligation à une représentation fidèle devant ce que l'on voyait ou que l'on croyait voir, nous empêchaient de dessiner. À cette occasion, j'ai découvert que la description peut être un projet, certainement la base de son langage et, dans le même temps, une information. Je peux dire à présent que j'avais déjà intégré cela, seul, de façon inconsciente, maladroitement et bien peu sûr de moi.

Mais le voir faire par Siza avec tant de calme, de lenteur et de précision, m'a fait abandonner mes doutes sur le dessin et sur l'architecture. Depuis, j'ai commencé à ne plus m'inquiéter ; savoir si les dessins étaient beaux ou non. Les dessins de Siza étaient d'extraordinaires faits de synthèse, d'essentiel…

J'appris que je devais continuer à dessiner, que ceci était une façon de voir et que parfois il m'arrivait de faire un beau dessin.

Ce rapport aux choses m'apportait une certaine sérénité, tuait en moi l'anxiété du nouveau, de l'invention à tout prix, rétablissait dans tous les projets l'étymologie correcte du mot invention et tranchait sur la question idéologique qui oppose radicalement l'architecte soucieux d'apporter le *nouveau* dans le lieu et l'architecte qui trouve, dans le lieu, le *nouveau*.

S'il est doué, il fera les deux. Il posera sur le lieu son regard.

Et Siza voulut en cadeau quelques-uns de nos dessins !

[Roberto Collová, *traduit de l'italien par Nadia Machabert*]

Les informations historiques sont extraites de : Annelise Peschlow-Bindokat, Carrières de Cusa, *dans le catalogue du prix international Carlo Scarpa pour le Giardino, dixième édition, 1999, Cave di Cusa / Fondation Benetton, Bureaux de Recherche.*

RESTAURANT BOA NOVA, LEÇA DA PALMEIRA, MATOSINHOS, PORTUGAL, 1958-1963
AVEC, À PROXIMITÉ, LE MONUMENT À ANTONIO NOBRE, 1980
DESSINER PAS À PAS

Laurent Beaudouin

Dès ses premières œuvres, Álvaro Siza explore la dimension géographique du rapport entre le projet et la nature, l'un servant de révélateur à l'autre. Il possède à ce sujet une sorte de double sens, il est comme un sourcier, capable de ressentir les courants qui traversent un paysage, d'en trouver l'origine, pour en faire resurgir les tracés. Il va s'adosser sur ces lignes de force invisibles pour élaborer petit à petit le dessin du projet, cherchant avec patience sur quoi s'appuyer. Il s'agit, chez lui, d'intuition érigée en méthode, laissant la porte ouverte à des options imprévisibles. L'inattendu n'est pas dans la nouveauté mais dans le déjà là. Sans ce regard attentif, ce qui à la fin saute aux yeux comme une évidence, resterait insoupçonné.

En architecture, il y a deux sortes de lignes : celles qui permettent la mesure du projet et en donnent la proportion, et celles qui ne sont pas mesurables et qui ne font qu'indiquer des directions ou des tangences. Les premières vérifient la capacité d'usage et permettent la construction, tandis que les dernières tracent des liens invisibles et des continuités impalpables ; ce sont celles qu'affectionne Siza pour commencer un projet. L'œuvre terminée assemble ces lignes en une figure qui trouve sa proportion à travers la justesse des dimensions qui résonnent entre elles comme des harmoniques, la proportion est une qualité intrinsèque, une logique intérieure, tandis que les lignes directionnelles n'ont pas de mesure, elles sont extensibles et centrifuges, elles vont rechercher des rapports avec

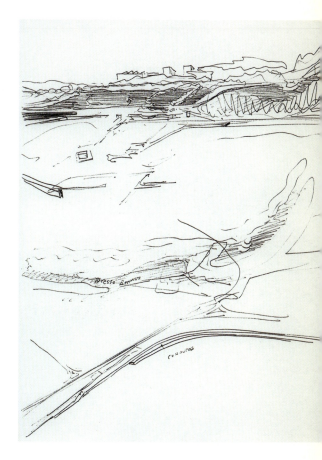

des éléments éloignés, elles soulignent des fragments du lointain pour en révéler la présence. Aucune de ces lignes ne forme réellement un axe, elles ne font que côtoyer les choses, la plupart du temps sans les traverser. L'accès du restaurant Boa Nova construit de 1958 à 1963 à Leça da Palmeira est une expérience de cet ordre où la forme organique de l'édifice ne semble qu'effleurer la mer de rochers sur laquelle elle repose. Le bâtiment est construit sur un socle en forme de terrasse, mais ce socle ne paraît pas lui servir de point d'appui, les éléments porteurs sont difficilement identifiables, le toit n'est pas superposé à la géométrie de la base qui semble déborder et se replier pour porter le toit. D'ailleurs est-ce vraiment un édifice ? Il apparaît plutôt comme une simple couverture

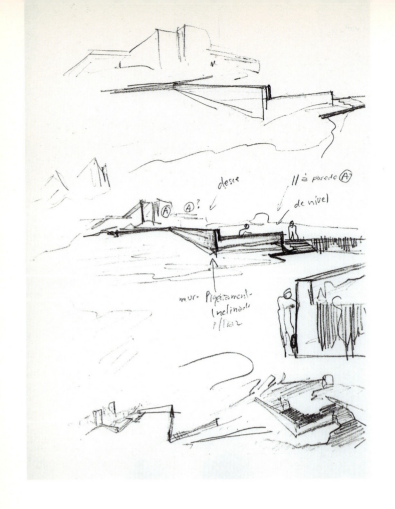
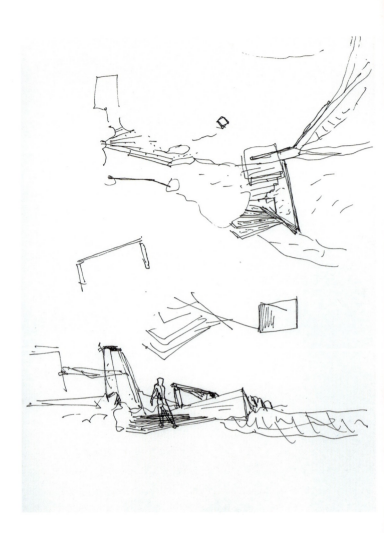

suspendue au ras des rochers, c'est un bâtiment sans façade et sans entrée. Cette image de toit flottant se retrouve à la même époque dans l'œuvre de Jorn Utzon, dans ses fameux croquis représentant des plates-formes surmontées de nuages. L'idée préfigure ce qu'Alberto Campo Baeza définira plus tard comme l'opposition du tectonique et de l'architectonique. De plus, cette subtile délicatesse du bâtiment est précédée d'une scénographie du paysage qui en accompagne l'approche. Il n'est pas coutumier de prêter attention à ce type de lieu : un parking, un chemin, quelques marches, un palier. Rien, dans la commande d'un programme de cet ordre ne demande une attention particulière à ces endroits secondaires, pas même le lieu dont la beauté semble se suffire à elle-même. Pourtant, en contraste avec la fragilité du bâtiment, l'architecte semble donner une dimension presque autonome à cette courte séquence, qui se présente comme un prologue.

Il installe tout d'abord un ensemble de murs de béton formant une figure abstraite ouverte en éventail qui s'encastre dans la pente. Ces murs indiquent la position d'un petit parking, un peu sauvage et sans en fermer les bords ; ils semblent orienter l'espace vers la colline, ils sont comme les lames d'acier que le sculpteur Richard Serra installera dans la décennie suivante pour révéler la topographie d'un lieu. Leur objet n'est pas de limiter l'espace, mais d'en révéler le volume en faisant apparaître la ligne des rochers, comme une manière de regarder la géographie à la loupe. De même que les premières pierres sont les prémices des blocs qui s'élèvent plus loin pour former ce petit cap, les premiers murs sont les signes avant-coureurs de la terrasse du bâtiment. On pourrait les croire détachés,

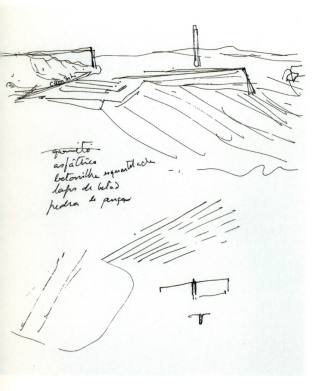

flottants comme des icebergs dans cette mer de rochers. L'objet de ce dispositif est à l'évidence d'installer une distance dans le court chemin qui sépare la route de la porte du restaurant et de retarder ainsi le moment d'entrer dans le bâtiment. Cette distance est d'autant plus grande que le chemin à parcourir va nous obliger à changer sept fois de direction, comme si le bâtiment n'en finissait pas de reculer. Les angles que forment les premiers murs sont une façon d'installer une profondeur artificielle, ils frappent les trois coups d'un drame dont le paysage est le sujet central et dont les visiteurs sont les acteurs involontaires. Cette mise en scène accompagne un parcours graduel, presque initiatique, que l'on va parcourir d'étape en étape, dans une succession de tableaux à chaque fois différents.

La question posée est : comment découvrir un paysage que l'on connaît déjà ? Il nous entoure complètement, que nous sortions d'une voiture ou que nous ayons longé à pied cette côte rocheuse, ce bord de mer est entièrement ouvert à la vue, l'horizon est omniprésent. Pour atteindre ce but, l'architecte va nous entraîner dans une chorégraphie où il nous fait faire avec douceur les gestes et les mouvements dont il a réglé par avance le rythme et la durée. Le premier est de vous obliger à tourner le dos au paysage, ainsi le petit parking se tourne vers l'intérieur avec comme seul débouché une ouverture dans un angle intérieur. Vous n'êtes plus face à l'horizontale de la mer, mais à des collines de plantes toujours vertes. Seule l'ouverture d'un angle laisse une échappée latérale où une ligne de pierre blanche apparaît au sol pour marquer un seuil. Une fois franchie cette limite, il faut se retourner pour constater avec surprise que le paysage a disparu, la mer n'est plus visible, nous sommes entrés dans un vestibule à l'air libre. Face à nous, des emmarchements conduisent à une première plate-forme surélevée qui commence par nous cacher le lointain maritime pour ne le dévoiler que progressivement ; la terrasse qui couronne les

escaliers est réglée à la hauteur des yeux, l'horizon est utilisé comme un instrument de cotation, le bout du monde est à neuf marches de haut. La véritable découverte du paysage se fait en gravissant ces degrés, les rochers apparaissent petit à petit, et l'horizon semble se soulever à chaque pas, le paysage se dévoile alors au fur à mesure de la montée des marches et nous sommes enfin en capacité de le voir, comme pour la première fois. Cette subtile mise en scène de l'approche du bâtiment est le revers d'une autre évidence oubliée : entrer et sortir d'un bâtiment, ce n'est pas la même chose. Ainsi, une autre vision vous attend à la sortie : vous vous trouvez suspendu dans un équilibre mobile entre la sous-face flottante du toit et la surface de la mer, entre le dallage, qui semble s'échapper du bâtiment pour se cristalliser au-dehors, et le mouvement des rochers. Il est difficile de ne pas s'y arrêter pour contempler l'instant, car c'est bien le temps qui est mis en œuvre ici, comme un matériau palpable.

Cette séquence d'approches révèle ainsi de façon surprenante que le bâtiment n'a pas d'entrée : on se glisse simplement sous l'avancée du toit et l'on trouve une porte ; mais l'entrée est ailleurs, elle est dans le parcours lui-même, cette scénographie qui fait du paysage tout entier le seuil du bâtiment. Une fois la porte franchie, le regard traverse un édifice sans façade et, pour peu que les fenêtres soient baissées, on constate que derrière ce mur, au-delà de cette porte énigmatique, se trouve un autre dehors dont la limite est l'horizon.

MONUMENT À ANTONIO NOBRE

À quelques pas de là, entre les deux routes qui longent la côte, le monument en hommage au poète Antonio Nobre. À vrai dire drôle de monument ! N'est-il rien de moins monumental que cet ensemble éparpillé formé de deux blocs de pierre à peine taillée et d'un escalier adossé à une rampe : y aurait-il ici un projet semblable au précédent destiné à transformer de simples rochers en paysage épique. En fait, rien de tout cela : le lieu est un morceau de lande trop éloigné de la mer pour que celle-ci joue un rôle, il contient de rares arbustes et quelques rochers épars. C'est justement sur cette pauvreté que s'appuie le projet, comme pour préserver l'impression fragile d'un lieu encore sauvage ; c'est la mise à l'écart des objets existants et des quelques ajouts qui fait le sujet du travail et, à la fin, il ne reste que le parcours. Ce n'est pas un itinéraire mis

en scène dans une dramaturgie théâtrale, mais un simple chemin, un raccourci, certainement préexistant, dont la dimension monumentale est justement dans l'écartement des différents fragments. L'ensemble du monument est formé de l'association d'une rampe et d'un escalier, installés à une certaine distance d'une dalle commémorative. L'architecture, comme toujours, est faite de tension et de rétention, l'écart est ici un élément du construit. La rampe et la dalle de granit sont l'une et l'autre des leçons de construction où la gravité y est sensible par la façon dont elle agit sur l'œuvre ; la dalle repose sur une pierre verticale par son simple poids, sa seule

inclinaison suffit, comme pour marquer le degré zéro de la construction. Une sorte de premier pas vers l'architecture : ce qu'il y avait avant même le premier bâtiment. Ce qui est décrit ici, dans ce retour à l'âge de pierre, est la métaphore du premier geste humain et la première question posée à la nature, comment une pierre tient-elle sur une autre, quelle force invisible les maintient assemblées ? À son tour, la rampe introduit une ligne inclinée pour répondre à l'ondulation du terrain. C'est la première abstraction, l'invention de la géométrie, une ligne droite opposée aux lignes découpées de la nature. Elle est placée de biais et le raccourci perspectif de l'escalier tire la partie la plus éloignée vers le regard de celui qui s'approche, augmentant ainsi l'impression de mouvance du sol naturel. La rampe est formée de dalles de granit soigneusement découpées en diagonale afin que la structure se bloque par le simple poids de la pierre. L'espace entre les deux parties de cet étrange monument est rempli d'une lande parsemée de rochers ronds, cette distance révèle la présence du paysage, qui sans cela ne serait qu'un terrain vague abandonné entre deux routes.

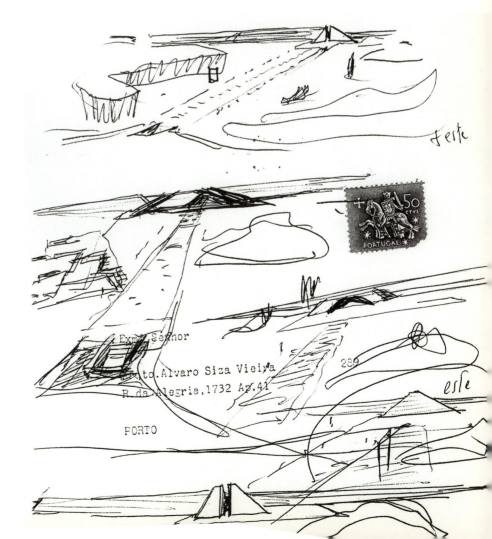

PISCINE MUNICIPALE DE LEÇA DA PALMEIRA, MATOSINHOS, PORTUGAL, 1961-1966
UN PROJET QUI ÉCHAPPE

Marc Barani

Le projet de la piscine de Leça da Palmeira est un projet qui échappe, un projet rendu insaisissable par un système savant d'oppositions et de tensions entre des notions à première vue inconciliables. Il est à la fois évident tout en étant énigmatique et puissamment mystérieux.
Les plans, coupes et photos renforcent cette ambivalence. En tous les cas, ils sont inaptes à traduire la spécificité du lieu créé par Álvaro Siza. Les croquis en revanche donnent quelques indices plus clairs sur les intentions de transformation du site par le projet. Y apparaissent un caractère organique marqué, le sentiment que le projet émerge du moutonnement des rochers et de l'océan. Les volumes semblent soit équarris en blocs massifs à partir des formes naturelles du site, soit étirés et aiguisés jusqu'à n'être plus qu'une série de longues lames arrêtées net, tranche visible. Mais transparaît surtout la sensation de rythme, de pôles d'intensité, de points nodaux où la vigueur du trait contraste avec les grandes lignes calmes tendues vers le vide de la page.
Sur place, après avoir arpenté la longue promenade du bord de mer, le dispositif spatial mis en place par Siza se révèle avec force et

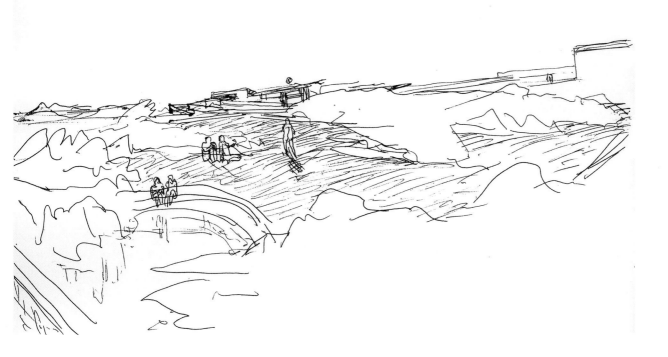

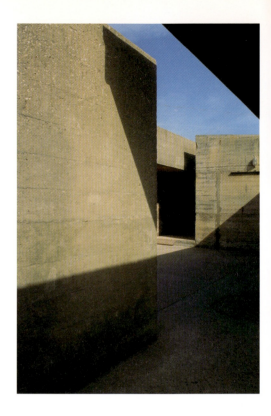

délicatesse. Seule la vibration des toitures couvrant les bâtiments en contrebas émerge très légèrement du sol que l'on foule.
Rien ne perturbe l'ambiguïté si caractéristique de ces promenades balnéaires où nous ne sommes plus tout à fait en ville et pas encore dans la nature sauvage de l'océan. Il s'agit en fait d'un grand vide lumineux, sans séquences spatiales, agité par les vagues et le passage des automobiles, où le corps « flotte » à la recherche de distances. Puis sur le fil de cette lisière, une échancrure.
Les murs s'écartent pour laisser plonger une rampe, guident le regard en bas, vers la matière rugueuse du béton. Au fond, l'espace se dilate légèrement, bute sur la masse du mur de soutènement de la promenade haute et invite naturellement le corps à se tourner vers l'échancrure de l'entrée.
De là, la perception du dispositif change pour laisser deviner un éclatement des circulations qui s'étirent en longs couloirs étroits. La sensation d'écrans qui bloquent frontalement la vue est immédiatement contredite, à la périphérie du champ de vision, par les longues perspectives latérales qui glissent sur les parois et pointent tantôt vers l'ombre, tantôt vers la lumière.
Nous sommes au centre de gravité du projet, dans ses entrailles. La rupture avec le haut est consommée. Le corps est enveloppé. Il est maintenant la mesure de ces espaces qui semblent avoir été construits pour qu'il les frôle, pour que chaque mouvement puisse être induit et accompagné par l'architecture.
Continuons plus avant, dans le bâtiment, à couvert, vers la pénombre de ce qui pourrait ressembler, l'espace d'un instant, à un labyrinthe.
En tous les cas une grotte à l'abri de la lumière qui, une fois l'acclimatation visuelle faite, laisse découvrir la finesse du travail des charpentes et des cabines suspendues peintes de noir. Le soin apporté aux détails renforce le sentiment d'intériorité et dit l'attention portée à l'intimité des gestes accomplis dans les vestiaires.
À la limite de ce dedans dense, sous la rive très basse de la toiture,

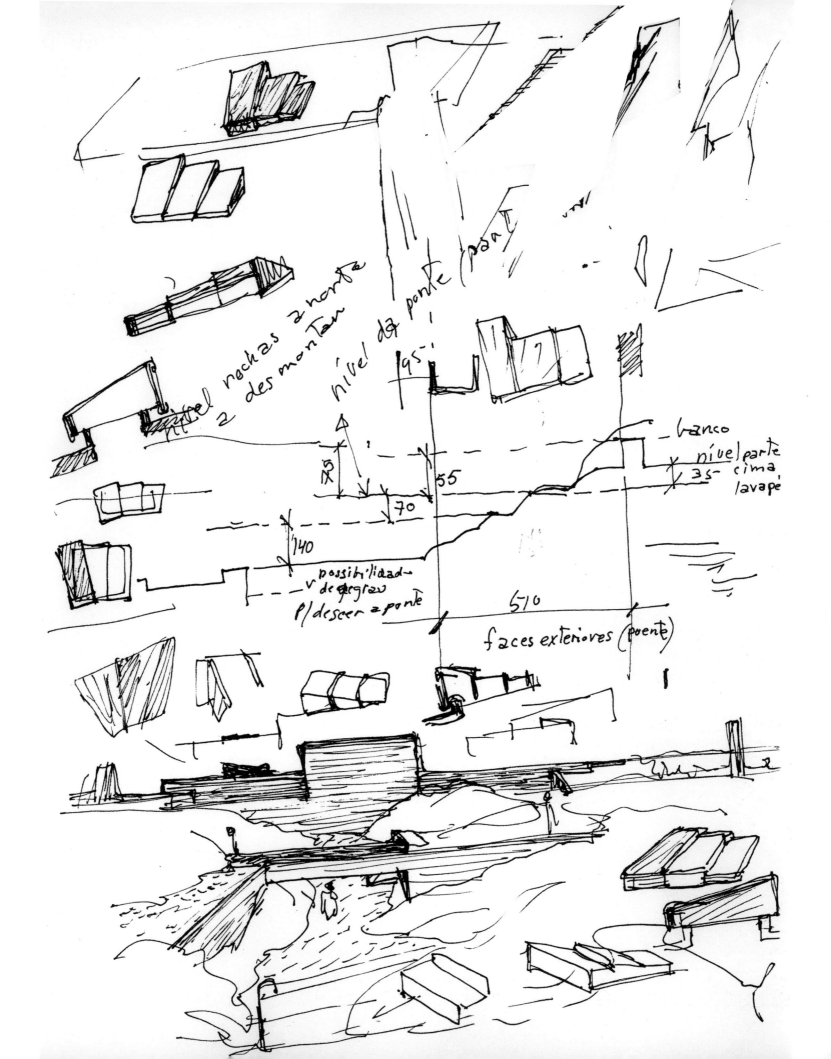

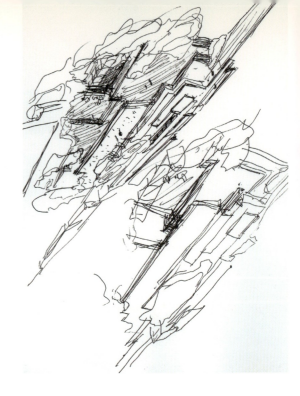

un mur biais de planches noires donne le sens du mouvement et nous invite à sortir en pleine lumière dans un espace véritablement sidérant. Le contraste est puissant.

L'effet de pression sur le corps des espaces précédents s'inverse et l'on se retrouve désemparé, cerné par de longs murs de béton, avec la sensation d'être déployé dans un lieu entièrement empli par le ciel. Si l'on pouvait penser à Piranèse pour les vestiaires c'est De Chirico qui vient ici à l'esprit.

Le corps, par la marche, évalue progressivement l'échelle de cet espace et nous ramène petit à petit dans le site. L'océan que l'on ne voit toujours pas imprègne le lieu par le bruit des vagues. Le sol avec quelques marches isolées positionnées à des moments clefs du parcours anticipe le micro relief tourmenté de la côte.

Le désir de nature à l'origine du programme des piscines est exacerbé, dramatisé par la matérialité d'une architecture en noir et blanc (béton et bois peint) qui tient, dans un premier temps, le paysage à distance et ne s'ouvre à sa couleur que par touches successives, d'abord avec le seul bleu du ciel puis le dernier porche franchi, avec l'intensité colorée de l'océan.

La séquence de découverte de la côte est particulièrement impressionnante. L'espace de transition tendu vers le ciel débouche sur un porche couvert, ultime compression, avant que son mur latéral tranché net ne laisse la vue littéralement éclater.

La puissance de l'effet nous fait marquer un temps d'arrêt, nous laisse seul, la mémoire brassée par le paysage.

Des sensations et des images me reviennent, me transportent de l'Atlantique à la riviera italienne dans les jardins Hambury.

Le parc aménagé au XIXe siècle dévale la colline vers la mer à grands renforts d'escaliers, de rampes, de pas d'âne serpentant dans la pente. Tout laisse à penser que la mise en scène du rivage va être le point d'orgue du cheminement. Et pourtant, surprise, le parcours se termine dans une orangeraie hermétiquement close par des murs de pierre massifs. Pas de mer, seulement l'ombre profonde et la senteur entêtante des bigaradiers. Et puis, un peu à l'écart, une porte étroite.

C'est là, dans la seule épaisseur de son embrasure que l'on change de monde, que l'on passe d'un espace protégé à la puissance de la mer et à son immensité.

Siza travaille le même archétype universel de la porte. Une porte vers les piscines qui se logent naturellement au creux des rochers. Le sol change alors de nature et devient l'élément principal de l'organisation du parcours.
Une marche. Le socle s'affaisse de quelques centimètres, se rétrécit et franchit en passerelle une échancrure rocheuse avant de conduire à la première piscine par un escalier inversé qui amorce un mouvement de spirale vers la mer. Le léger vertige ressenti nous fait éprouver la nature aérienne du site, la matérialité de la roche, la fluidité des plans d'eau.
Un dernier socle de béton formant escalier surplombe le grand bassin ouvert sur la ligne d'horizon.
Baignade sous le soleil. Les rochers paraissent des montagnes.

Retour vers la « camera oscura » des vestiaires où les images et les sensations physiques finissent de nous pénétrer à l'écart du monde extérieur.
Mais c'est plus tard qu'apparaît une autre dimension du travail de Siza. Par la maîtrise du projet, il s'attaque à la perception du temps. Pas seulement le temps qui bâti l'histoire du site dans lequel il se glisse, mais aussi, cette imbrication entre temps et espace si spécifique à l'architecture.
Le caractère insaisissable de ses projets, l'extrême attention qu'il porte au parcours, lui permettent d'orchestrer un réseau d'intensités de sensations qui modifie la perception du temps en la rendant indissociable des séquences spatiales. Ces séquences infiltrent notre mémoire et finissent par y vivre sous la forme d'une série de transitions, d'un flux, d'une continuité de changements.
Ce qui est finalement réel dans l'architecture d'Álvaro Siza et dans la représentation mentale que l'on s'en fait, ce ne sont pas les « états » successifs et distincts qui constituent le changement, c'est le changement lui-même.

QUARTIER DE MALAGUEIRA, EVORA, PORTUGAL, 1977-...

DES TRACES

Dominique Machabert

Le plus préoccupant pour lui avait été de se retrouver libre : un grand espace plus ou moins agricole avec une rue — drôle de rue — conséquence plutôt d'un alignement de maisons de pauvres et de quelques commerces construits clandestinement, dans les années quarante, au vu et au su de tous. Au loin, le profil de la ville ancienne. Entre les deux rien ou pas grand-chose, bon pour les errances nomades, entre déprise et friche. Son premier travail alors avait été de comprendre, car ici pas de contraintes apparentes à quoi s'accrocher, pas de rapports immédiats, pas d'appuis solides grâce auxquels on ose un trait, un autre et c'est parti au gré de solutions pour une architecture à venir. Plutôt que cela une liberté totale, une totale vacuité. Rien qu'un champ complètement ouvert. Par quoi commencer, par où l'attraper, quand, même la commande n'y aide pas ? 1 200 logements sociaux à construire — après quoi débrouille-toi ! — avec rien pour accompagner cette perspective, de gros quartier, de presque ville, sinon le signalement dérisoire d'un cours d'eau, un fil, sec en été, à peine plus gros l'hiver ?

« Lorsque rien n'arrête notre regard, notre regard porte loin, mais il ne rencontre rien, il ne voit que ce qu'il rencontre. L'espace, c'est ce qui arrête le regard, ce sur quoi la vue butte : l'obstacle, des briques, un angle, quand ça s'arrête, quand il faut tourner pour que ça reparte. Ça n'a rien d'ectoplasmique, l'espace. Ça a des bords,

ça ne part pas dans tous les sens, ça fait tout ce qu'il faut pour que les rails de chemins de fer se rencontrent avant l'infini. » [Georges Perec dans *Espèces d'espaces*]

C'est pourquoi, il entreprit d'abord de parcourir le terrain ouvert à tous les vents, sans sens, espérant en trouver un par quelques biais — mais lesquels ? —, des éléments qui se laisseraient faire, dociles, coopérants. Il se souvient de la présence d'un chêne-liège et de son ombre bienfaitrice penchée au-dessus d'un réservoir d'eau. Cheminant, il remarque — c'est le mot — le petit cours d'eau signalé, puis une pierre insignifiante mais posée par-dessus comme avec soin, en un endroit précis, tout laissant à penser qu'il s'agissait d'un gué. Il y avait aussi un sentier que le passage répété des gens avait fini par tracer, sorte de lacet parti du petit quartier clandestin, moyen le plus commode et le plus court pour rejoindre la partie haute du terrain, au nord.

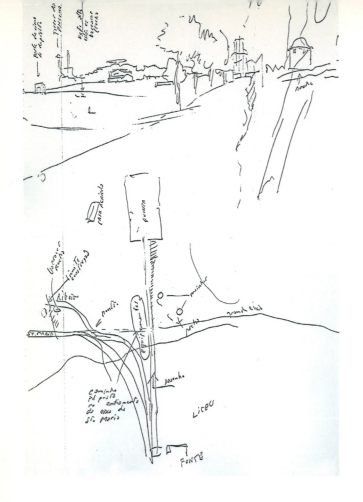

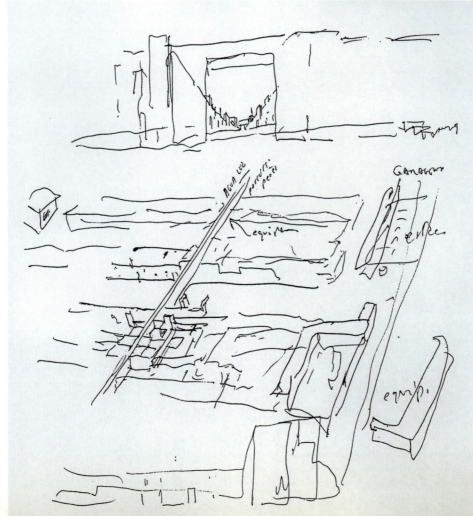

De l'autre côté, un autre parcours tout aussi cohérent, spontané, de bon sens comme on le dit de la sagesse des proverbes, rejoignait le côté est du terrain en direction de la ville avec, en chemin, l'école. Un chemin des écoliers, buissonnier peut-être pas, mais pas loin. D'ailleurs, tout le quartier était comme un buisson de traces éparses. En un endroit, le trait du parcours traverse celui du fil d'eau — le même — que les circonstances topographiques et la faiblesse du débit l'obligent à tordre son cou plutôt que de partir tout droit. C'est pourquoi il y a ce méandre qui enrichit d'une courbe pensive le dessin général. Lui vint en mémoire ce qu'on lui avait répété à propos d'Alvar Aalto qui, dit-on, attendait l'hiver pour voir dans la neige l'empreinte des déplacements. C'est ensuite qu'il commençait à fixer sur le sol ce qu'il tenait des traces, des pas dans la neige.

Sur le site il y a des rochers très beaux avec des élévations qu'occupaient les gitans et leurs tentes, campements auprès desquels la nuit on allume des feux. Parmi les signes d'humanisation, il dénombrait aussi des animaux. Les gens aiment les chats, les chiens et les gitans, les chevaux. Au sud, un peu à l'écart mais bien visibles, deux anciens moulins abandonnés. À droite, le long et beau mur d'une « quinta », l'ancienne propriété agricole, sur quoi *la vue butte*. À pied, par les petits chemins intuitifs, à peine visibles, foulés, damés par les gens, il se souvient être allé jusqu'à la ville d'Evora pour voir comment ça finissait l'espace, l'espace de sa liberté et du plan dont il cherchait les bords.

Il avait en tête aussi cette vision magistrale des aqueducs romains dont les vestiges en bien des endroits traversent l'Alentejo et rentrent dans la ville d'Evora pour se confondre avec elle.

C'est là qu'il a commencé à tout intérioriser sans hiérarchie et simultanément ; le détail et l'ensemble, les bords et la vie qui avait commencé à l'intérieur avec le quartier clandestin des années quarante et même avant, les enfants sur le chemin de l'école, les gens rejoignant la route au nord par une trajectoire qui coupe en chemin le cours d'eau et le passage obligé par la petite pierre qu'un pas plus alerte aurait suffi à franchir, la grande et la petite échelle pour que les maisons en nombre ne se diluent pas dans l'espace, une superstructure en parpaing où passent les réseaux (l'eau, l'électricité…) que les critiques d'architecture ont vu comme une reprise des aqueducs. Peut-être l'a-t-il fait à dessein, il n'en jurerait pas, depuis le temps.

C'est petit à petit qu'il a commencé à comprendre que le site apparemment abandonné était urbanisé, humanisé. Parce que tout ce qu'il avait vu signifiait que la vie, encore improbable, avait commencé à tracer une organisation, un urbanisme balbutiant, il entreprit alors de lier ces choses entre elles pour ensuite les développer. C'est ainsi que le plan était venu, visant, en même temps que la récupération du petit quartier, la construction des nouveaux bâtiments.

Ce qui semblait un désert était en fait un territoire urbain de forme primitive, d'accord, mais la naissance de la nouvelle ville s'y trouvait, déjà là, gravée, dans les traces, les parcours.

Informé qu'il était, à présent, il pouvait commencer à tirer des voies principales, à disposer les grandes places et les « aqueducs » en croix, à dessiner les parcours piétonniers, reprise des chemins improvisés. Il lui est arrivé de se tromper pensant qu'il serait mieux de faire autrement que ce que lui disaient les usages et les traces. Il dut alors se rendre à l'évidence que, dans la plupart des cas, il compliquait ce qui était simple et facile.

Le plus petit manque d'attention et d'observation se paye par un échec, cela avait été le premier enseignement du travail à Malagueira.

CENTRE GALICIEN D'ART CONTEMPORAIN, SAINT-JACQUES-DE-COMPOSTELLE, ESPAGNE, 1988-1993

LA NATURE COMME LIEU

Carlos Seoane

C'est à partir surtout d'un regard attentif sur le lieu, le lieu physique mais aussi sur son environnement culturel, qu'il est possible de comprendre l'architecture de Siza. Dans ses projets, il est essentiellement question d'espace et de temps et, de ce point de vue, la notion de style en tant que code n'est pas fondamentale.
Par conséquent, on peut considérer le CGAC — Centre galicien d'Art contemporain — ainsi que le jardin, comme deux moments du même projet. Il serait juste de les mentionner, tous les deux, comme l'ensemble de Bonaval.
L'ensemble de Bonaval surgit comme une structure qui naît de la nature du site mais aussi de l'intention de construire un nouveau paysage. Il se développe autour du mouvement, un mouvement construit, d'abord ascendant, sur ce que furent autrefois les potagers des moines dominicains et que Siza a reconverti en une succession de terrasses, en un mouvement sinueux « naturel » bien que toujours accompagné par la marque de l'homme, avec des pierres plates et des cours d'eau.

Après avoir parcouru toutes les « terrasses-stations », le chemin mène à un grand plan incliné où la nature semble s'être absentée devant la géométrie. Les terrasses de pierres devant un réseau de chemins et les arbres cèdent peu à peu le rôle principal aux absides de l'église de Saint-Dominique de Bonaval. Après la montée par les terrasses, on découvre un espace que le cimetière avec ses vides et son orthogonalité caractérise. La géométrie devient le fait majeur du jardin. Presque comme un voyage entre la vie et la mort, entre la nature et l'architecture, le chemin qui commençait comme un mouvement sinueux entre les cours d'eau, s'achève sur l'espace orthogonal du cimetière.
« Il n'y a qu'une faible partie du travail de l'architecte qui soit du domaine des Beaux-Arts : le tombeau et le monument commémoratif. » [Adolf Loos, 1910]

Pourtant le jardin serait incomplet sans le CGAC. Les vues aériennes de l'ensemble font découvrir au sol une base géométrique commune, l'unité des matériaux, mais aussi la compréhension de l'espace comme mouvement — *promenade architecturale*. Sans le CGAC, le jardin chercherait ses limites ainsi que sa porte d'entrée, parce que le bâtiment est à la fois mur et seuil.
Un parcours idéal à Bonaval serait, avant de rentrer dans le musée, de grimper par les terrasses de l'ancien potager, contourner l'ancien cimetière, longer les absides du monastère, pour terminer dans les salles — presque des terrasses — du CGAC.
Une fois à l'intérieur, la nature est également présente, mais comme une texture à présent, dans l'acception sensorielle du mot : des espaces recouverts d'un immense marbre veiné, comme un grand manteau avec ses plis, comme des lignes d'eau gelées. Des textures qui, dans le CGAC, se rapportent à une réalité objective.
La nature se manifeste à nouveau, plus clairement cette fois-ci, dans la dernière salle du CGAC : le toit-terrasse. C'est un espace conçu comme une salle d'exposition, mais une salle sans plafond,

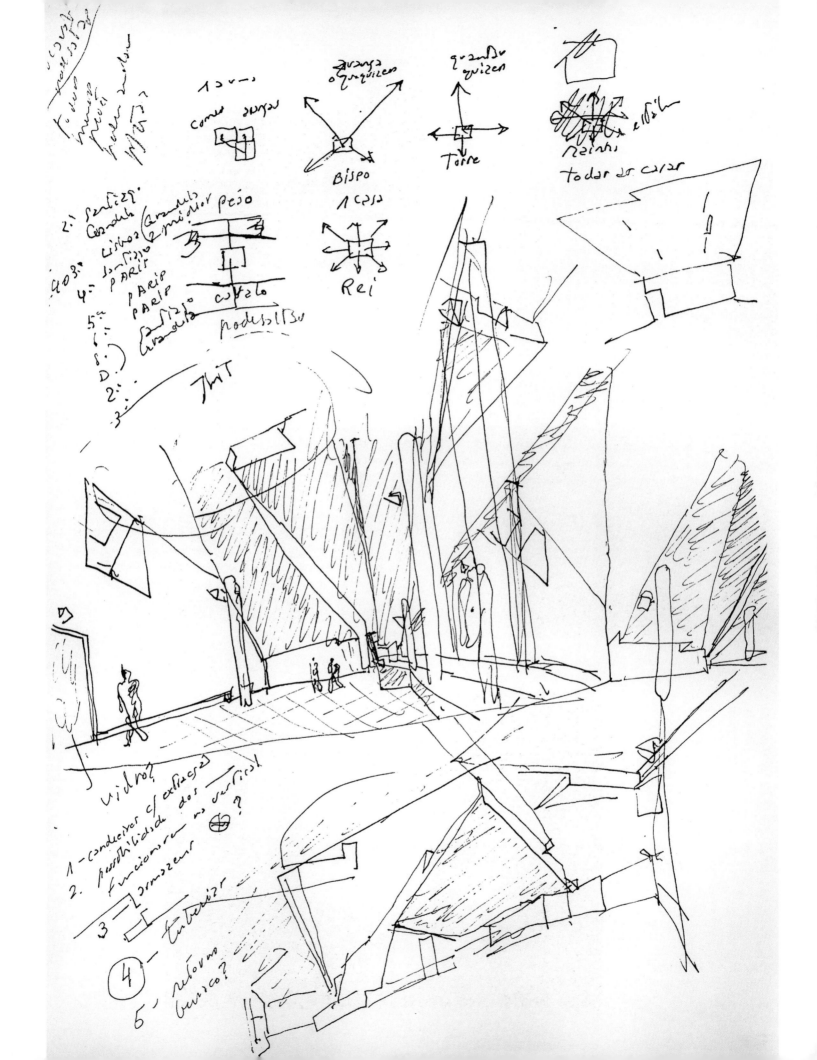

94

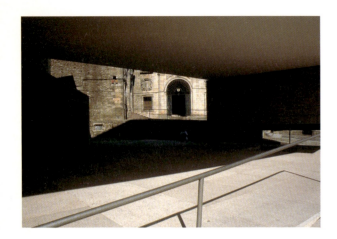

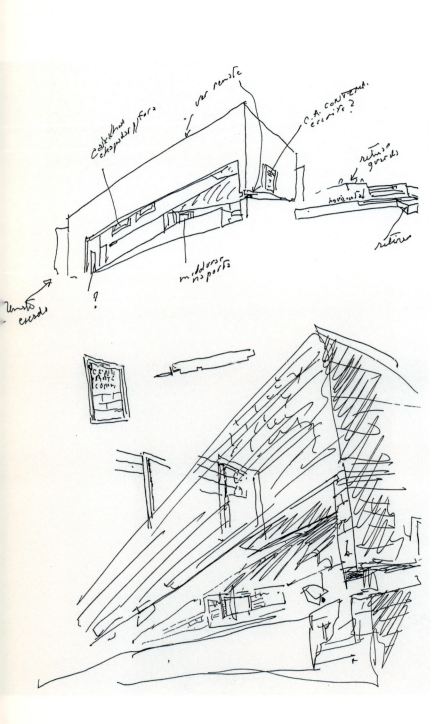

limitée par de grands plans de pierres qui retiennent la vue sur la ville pour laisser place à la nature exclusive, le ciel. Le toit devenu dernière salle du CGAC est aussi la dernière terrasse du jardin. Elle referme le mouvement en un cercle parfait : nature, géométrie, nature.

LE MOUVEMENT COMME CONNAISSANCE

En essayant de se souvenir des espaces à Bonaval, on se surprend à bouger la main. Presque sans le vouloir, on tente de reproduire le mouvement même du corps dans les espaces. Ce qui revient d'abord, c'est le mouvement. Un mouvement d'allers et retours qui, loin d'être linéaire et prévisible, s'avère complexe.
Un mouvement double, au moins : celui du corps qui occupe les espaces et celui des géométries construites. Car dans la définition de chaque espace, avec les séparations et les parois, chaque joint, chaque ligne participent, pas seulement à la construction mais à un dialogue. Dialogue pour essayer de mettre le tout en relation

de sorte qu'en chaque lieu, il y ait plus qu'un ordre et la sensation que tout tourne et se retourne comme la fumée dans une cheminée, dans un jeu tridimensionnel de relations multiples qui forment un autre lieu dans les limites physiques de chaque espace.

C'est grâce au mouvement que les espaces de Siza peuvent être perçus dans toute leur plénitude. En se rapprochant, on découvre des ombres qu'on ne connaissait pas, différentes. On reste autour et puis on touche. C'est seulement dans ce rapport de proximité, presque intime, que l'on arrive à comprendre. Parfois seulement avec la main. Ombres — surprises — qui permettent plus d'une lecture du même espace. Le mouvement devient ainsi un mode de connaissance. Un mouvement qui, plus qu'un parcours, est un voyage, une découverte.

« La vérité, le réel, l'univers, la vie — comme on veut — se brise en innombrables facettes, en points de vue sans illusion, chacun renvoyant à un individu. » Ortega y Gasset.

En se déplaçant, le visiteur prend, chaque fois, de plus en plus conscience que les espaces ne sont jamais perçus dans leur ensemble, au contraire. À chaque approche, il les découvre.

Le résultat n'est pas un espace abstrait et autonome mais le fruit de la relation entre individus, entre auteur et visiteur. Ainsi éprouvé, l'espace est un résultat plus qu'un « a priori ». Résultat de l'enregistrement des mouvements de chacun avec ce que cela a de for intérieur, comme le souffle de l'artisan donne la forme au verre.

L'ARCHITECTURE COMME CRITIQUE

S'il fallait retenir autre chose des espaces de Siza, en plus de la question du mouvement et des sensations en rapport aux géométries complexes, c'est qu'ils sont le fait d'une architecture vue comme un acte critique, comme une révision de la réalité, ou de la ville, de la technologie et, dans le cas du CGAC, de la fonction sociale de la culture.

En observant uniquement la position et l'importance des usages commerciaux — le magasin et le café surtout — il semble clair que le bâtiment n'a pas été conçu pour la consommation de masse. Contrairement à cela, l'architecture de Siza nie certaines servitudes et de là se déploie, s'adressant à des individus, *fidèles à leur mission de vérité*. On pourrait parler d'individus solitaires, ou en tout cas, d'individus lucides et éclairés.

« Si l'individu sait être fidèle à son point de vue, s'il a résisté à l'éternelle séduction de changer sa rétine pour un autre imaginaire, ce qu'il voit sera un aspect réel du monde [...]. Chaque homme a une mission de vérité. » Ortega y Gasset.

[Traduit de l'espagnol par Laurent Scanga]

ÉGLISE PAROISSIALE DE MARCO DE CANAVESES, MARCO DE CANAVESES, PORTUGAL, 1990-1997

LES CHEMINS DU CÉRÉMONIAL

Nuno Higino

Une cérémonie exige des règles qui présupposent et anticipent la représentation d'une scène. Cependant, la construction de l'espace scénique implique généralement une rupture des normes. L'architecture inventive de Álvaro Siza (inventive précisément parce qu'elle est capable de rompre avec un certain statut, d'ouvrir un champ d'action à la nouveauté) ne commence pas seulement quand il pense et fait le projet de l'espace cérémonial proprement dit. Elle commence avant, avec les parcours d'approche qui sont déjà de la représentation, qui dessinent d'ores et déjà un moment d'invention et, peut-être, de rupture des règles protocolaires.

Pourtant, il est impossible d'aller droit au fait. Il y a un *cérémonial* qui est un processus d'approche. Avant de me placer devant la grande porte de l'église de Santa Maria, *je dois* (il s'agit d'un impératif qui m'oblige, m'engage et me responsabilise) entrer dans le jardin, passer par le portail, monter ou descendre des pentes et des escaliers, me faufiler entre les bouleaux. Et ce parcours qui m'approche m'oblige même à m'éloigner un moment, à tourner le dos à l'objet en question, pour aussitôt le fixer du regard. Je dois contourner l'édifice. Je ne peux pas y arriver sans détours. *Ne pas y aller par quatre chemins* : voilà l'impossibilité absolue, la négation qui justifie le détour. L'accès à l'église Santa Maria exige des chemins diversifiés. Il exige la croix et le croisement, il exige des mouvements, des détours et des lignes en biais, de la retenue, il exige conditionnement et calcul. Il exige un effort critique.

Un espace trop ouvert, avec accès direct et dépourvu de problèmes, empêcherait un rapport critique, annulerait le temps suspensif de la question, briserait la tension enflammée par le désir d'arriver, d'arriver en dévoilant et en écartant les branchages. Celui qui arrive, s'approche de la cérémonie, de l'espace cérémonial même si aucune cérémonie n'est prévue et que le visiteur est sans manière, sans façon. Il arrive et trouve la grande porte, mais ce n'est pas par là qu'il rentre, il dérive latéralement vers une autre porte. Une dernière torsion avant de déboucher dans la nef cérémoniale. L'hypothèse critique des parcours oblige à une certaine cérémonie, à un certain scrupule. *Scrupulus* est un terme typiquement religieux. Un diminutif (de *scrupus* : pierre pointue, roche) qui désigne, par son étymologie bien ancienne, une petite pierre, pointue, qui provoque un moment d'hésitation, de doute, d'empêchement. Une petite pierre qui, malgré sa petitesse, nous pose, à compter de ce moment, un problème, qui nous oblige à un détour. Il est impossible d'entrer « sans cérémonie », *sans façon*, sans embarras, sans une timidité qui nous prépare et nous met en attente. Une entrée directe, sans détours, sans scrupules, *sans façon*, menacerait, pas seulement la cérémonie et l'espace cérémonial, mais aussi l'attente critique du participant de cet espace-là, qu'il soit acteur, simple visiteur ou croyant venu pour la cérémonie. Álvaro Siza est le chef du protocole. Plus que pour diriger la cérémonie, il mène au cérémonial. Connaisseur des normes, il ne se limite pas à les appliquer,

sans façon. Les parcours, ébauchés par lui, font appel d'une part à une responsabilité critique et d'autre part à une critique de la responsabilité. Celui qui s'approche n'est pas un élément neutre et passif. Les ébauches de parcours l'impliquent, le responsabilisent, et sa responsabilité ne va pas jusqu'à « un certain point », ne se termine pas « en un point déterminé ». Sa responsabilité concerne l'ensemble de l'œuvre et les parcours de l'œuvre. Le regard, l'intensité du pas, l'orientation de la marche conditionnent le visiteur mais ne lui retire pas sa responsabilité. Il y a des moments où l'inclinaison de l'escalier oblige à une enjambée plus lente, d'autres où sa douceur lui impose un pas plus large et plus vigoureux. Il y a des moments de pause et d'accélération, des moments d'horizon pénétrant et d'autres presque sans horizon. Il y a des moments où l'on marche en frôlant l'édifice et d'autres où l'on passe à l'écart. Il y a des moments où l'on va à sa rencontre et d'autres où le parcours oblige à un éloignement momentané et stratégique. Un processus critique, quel qu'il soit, ne rentre jamais par la grande porte, encore moins précipitamment. Il entre par des portes latérales, à l'oblique. Il entre, qui sait ?, peut-être aveuglément, avec pour seul recours le tâtonnement.

Nous voici devant la porte, la grande porte de dix mètres de haut, disproportionnée à l'égard de l'échelle humaine. Franchir ou ne pas la franchir : voilà la question. La porte est le problème même : elle est devant nous et nous met face à une hypothèse problématique. Le mot « problème » signale non seulement ce à quoi nous avons affaire, à la projection d'un projet, mais aussi à une prothèse, une suppléance qui nous protège, nous dissimule et nous cache quelque chose d'inavouable. « Problème » signifie aussi bouclier, armure. La porte est problématique et nous sommes face à elle, jetés contre elle. Être détourné vers l'autre porte, une porte latérale, avec une échelle plus contrôlée et transparente, ne résout pas nécessairement le problème (car le problème n'est pas de franchir ou de ne pas franchir, croiser le seuil ou éviter de le faire) mais il nous le présente, nous aide à prendre conscience de son existence. La porte est le problème devant quoi nous nous détournons. Nous entrons latéralement, obliquement.

La porte est l'autorité et la Loi (Jésus-Christ a dit : « Je suis la porte »). Celui qui s'approche de la porte, s'approche de l'autorité, il défie la Loi sans pouvoir se comparer avec elle tant elle est grande, impossible même à regarder dans les yeux, de la franchir, excepté par un acte de grâce, un acte exceptionnel de condescendance. La grande porte n'est ouverte qu'exceptionnellement, les jours de fête. La problématique de la porte de l'église de Santa Maria est, évidemment, sa taille imposante comme l'est la Loi. La porte latérale fonctionne comme une espèce de complément : elle remplace la grande porte, elle est là, à la place de l'autre, déléguée par elle. La Loi agit par délégation : vicarial et indirectement. Celui qui veut entrer ne le fait pas, par principe, directement. Il est invité à faire un détour latéral, à se diriger vers l'entrée de l'autre côté, par le côté de l'autre. La problématique qui se pose ensuite quand on aborde la porte, c'est l'autre. Le corps à corps avec l'autre, avec l'altérité absolue (l'autre, l'Autre, tous les autres que l'on puisse imaginer), cause des vertiges. L'autre, l'altérité ingouvernable de l'autre, cause le vertige parce qu'il est un gouffre sans fond qui ne se laisse pas réfuter, qui ne se laisse pas objectiver, qui résiste à la prétention dominatrice de tout sujet.

L'œuvre et le parcours. L'œuvre (*ergon*) et son encadrement (*párergon*). Entre l'œuvre et l'encadrement, il n'y a pas de rupture, encore moins une union de sens (s'il est vrai qu'il existe quelque chose semblable au « sens »), mais un espace qui introduit une différence et ajourne, retarde le désir de sens. Celui qui s'approche de l'église de Santa Maria ne cherche pas, je crois, un signifié quelconque qui veuille dire ceci ou cela. Ce qui ne veut pas dire qu'il n'y ait pas un désir de sens dans l'œuvre et dans les parcours de l'œuvre. Cela signifie, plutôt, que le sens (s'il en existe un) est détourné, interrompu, éparpillé. Le sens de l'œuvre et de ce qui permet l'approche de l'œuvre (dans toute œuvre d'art) ne s'épuise pas avec n'importe quelle interprétation, avec n'importe quel symbole, n'importe quel discours esthétique. Sans détours, il n'y a pas de parcours qui mène à l'œuvre. Et quand cela semble arriver (quand nous sommes devant la porte et attendons qu'elle s'ouvre toute grande), nous apercevons une autre torsion de sens : le passage par une porte latérale qui donne accès à la grande nef cérémoniale.

[Traduit du portugais par António Oliviera]

MAISON VIEIRA DE CASTRO, FAMALICÃO, PORTUGAL, 1984-1997
LE PARCOURS, CONSÉQUENCE D'UNE LECTURE CONTINUE

Carlos Machado

La parcelle destinée à la construction de la maison se trouve sur une colline recouverte par une forêt de sapins et domine visuellement l'ensemble de la vallée où se situe la ville de Vila Nova de Famalicão. La plate-forme où s'inscrivent la maison et la piscine est étroite et profonde. La maison est placée à l'extrême opposé de l'accès à la propriété. La piscine, disposée dans le prolongement de la maison, participe à la définition d'un parcours en bordure de pente, rocheuse et arborée, qui conduit à la porte d'entrée de la maison placée au fond de la parcelle. Le projet intègre et réhabilite quelques éléments préexistants — un groupe de petites constructions, près de l'accès principal, deux volées d'escaliers, un peu plus loin, qui permettent le passage à une cote inférieure. La dimension et la localisation de la parcelle nous invitent — selon Siza — à établir un rapport entre la maison et l'espace extérieur résolument ouvert et en longueur ; la construction de nouveaux murs de support, d'escaliers et de rampes ont permis d'agrandir la plate-forme existante, ainsi que d'organiser et relier différents pôles d'activités sur toute l'extension du jardin.

1) « La clarté et l'utilité de l'architecture dépendent de l'engagement dans la complexité des transformations qui croisent l'espace ; un engagement qui, cependant, transforme l'Architecture uniquement quand, grâce au dessin, elle atteint la stabilité et une sorte de silence, le territoire universel et intemporel de l'ordre. »
[Álvaro Siza, *Écrits*]

L'importance témoignée au silence nécessaire de l'architecture, prise de position qui éloigne Álvaro Siza du symbolisme programmatique, de ce que l'on appelle l'*architecture parlante* — « la dimension symbolique vient naturellement ou ne viendra pas […] en fait, la dimension symbolique ne me préoccupe pas », a-t-il dit en 1980 — est perçue comme la manifestation dans les formes d'une stabilité qui renvoie à la nature en tant qu'ordre qui précède l'architecture. Le caractère particulier de toute architecture — d'une maison, par exemple — ce qui la rend simultanément singulière et évoque son sens plus global en tant qu'architecture (des aspects qui se complètent et se nourrissent l'un de l'autre), devra avoir, comme seul fondement, l'adhésion aux exigences du programme et à la spécificité du lieu. Un programme, qu'il ne faut pas prendre au sens fonctionnaliste (comme si l'utilité pouvait être réduite à un ensemble de fonctions plus ou moins reliées) mais comme la représentation de ces caractéristiques uniques que le temps a sédimenté dans les différentes modalités et à travers lesquelles l'homme ponctue et organise le territoire. En construisant pour lui-même les espaces qui parcourent les différents moments de sa relation avec la nature, il organise formellement une vie en commun. Tout comme un arbre *ne nous dit rien* — il *est* un arbre —, pour Siza, l'objectif principal d'une maison c'est qu'elle *soit* une maison : un point de départ que

nous pouvons comprendre, comme il le dit à propos du dessin d'une chaise, dans *Imaginar a Evidência* :

« Mon souci principal en dessinant, supposons, une chaise, c'est qu'elle ressemble à une chaise. [...] Le besoin d'originalité et de différence conduit presque toujours à l'abandon de l'essence d'un tel objet. Tous les objets ont une histoire. Pourtant, avec du recul, on peut y voir de légères différences et c'est exactement dans cette différence que se cache leur vrai sens dans le temps. [...] Les réflexions d'Adolf Loos sur le design, importantes et actuelles, soulignent combien le besoin, encore plus que l'art, est fondamental pour atteindre un objet parfait. »

Après avoir souligné la simultanée *banalité* et *singularité* de la chaise Thonet dessinée par Loos, il conclut : « Je crois qu'à partir du moment où ces deux aspects sont réunis, on a atteint la quintessence de la perfection. [...] Le mobilier, qui a marqué l'histoire, possède vraiment une grande retenue et une espèce de banalité. Ce mot, *banalité*, peut avoir un sens ambigu. Dans ce contexte, je l'utilise non pas pour dire sans intérêt, sans qualité, mais dans le sens de *disponibilité dans la continuité*. » [Álvaro Siza, *Imaginar a Evidência*, p. 135]

2) Cette continuité est possible uniquement grâce à *la banalité des formes*, consuétudinaires et autoréférentes, en d'autres mots, quand elles ressemblent à ce qu'elles sont. Le programme se transforme, de cette façon, en représentation de l'objet nécessaire qui, dans la singularité du lieu, réapparaît encore une fois. Ce que l'architecture de Siza met au premier plan — et qui, de notre point de vue, est au centre de sa poétique, au centre d'une pensée qui, en interrogeant le monde, trouve ici sa raison en tant que producteur de formes —, c'est le croisement de la *continuité des formes dans le temps* avec la *continuité de l'espace*.

« La relation entre nature et construction est décisive en architecture. Cette relation, qui est une source permanente de n'importe quel projet, représente pour moi comme une obsession ; [...] l'architecture ne termine nulle part, elle va de l'objet à l'espace et par conséquent, à la relation entre les espaces, jusqu'à rencontrer la nature. Cette idée de continuité [...] peut être riche en dissonances sans jamais manquer d'exister [...]. L'architecture n'a pas de sens sans ce rapport avec la nature. » [*Imaginar a Evidência*]

Une continuité formelle et spatiale ponctuée par des espaces de transition, au travers desquels — « la lumière change jusqu'à se perdre dans l'intimité de l'intérieur... » — *moments de pause* qui, comme dans les villas de Palladio, avec ses balcons et ses portiques, sont des *transparences* qui « prolongent l'espace intérieur dans l'aménagement du jardin ou des champs, jusqu'à se perdre dans l'étendue ».

C'est à partir du croisement entre la singularité du lieu et l'évocation de la *maison comme architecture* que doit surgir cette forme simultanément générale et particulière qui, encore une fois, nous permet de comprendre son sens ; une réponse au caractère de l'architecture qui se décide totalement dans l'adéquation de la forme au programme et au lieu. Ce qui implique que tout le mouvement du projet se concentre sur l'auto-référentialité de la forme — en d'autres mots, qu'il propose, comme premier objectif, qu'*une maison ressemble à une maison* — et dans la singularité du lieu comme l'unique possibilité d'évoquer toutes les maisons qui l'ont précédée. Un mouvement qui, comme dit Giorgio Grassi, implique « partir d'un point pour revenir, à la fin, au même point » — une idée que nous pouvons considérer proche de celle énoncée par Siza dans le titre *Répéter n'est jamais répéter* — et qui traduit, sous forme de condition du projet, la simultanée « nécessité et impossibilité » de répéter, dans laquelle on y condense « la complexité des transformations qui croisent l'espace ».

3) Cette *double continuité* (du temps et de l'espace) permet de comprendre le parcours dans l'architecture de Siza (ou l'architecture de Siza *comme parcours*) en tant qu'organisation ou orchestration d'un passage entre l'extérieur et l'intérieur à partir des relations que le projet construit avec la nature et l'architecture existante ; c'est à travers des parcours que se dédoublent et se manifestent les relations proches et lointaines qui donnent forme au lieu.

Voyez, par exemple, comment dans la maison Alves Costa (Moledo do Minho, 1964-1968), les deux parcours qui, à partir du portail de l'entrée, organisent l'implantation de la maison et la disposition des différents espaces : le premier conduit d'abord à la porte d'entrée et ensuite au salon grâce à deux mouvements en forme de siphon ; le second, superbe, avec les mêmes caractéristiques, permet de parcourir la maison de l'extérieur, en passant par la partie couverte du garage, jusqu'à une cote intermédiaire du terrain pour finalement, dans un dernier mouvement de rotation, se retrouver face au premier, dans le patio à partir duquel s'ouvrent les différents espaces cloisonnés de la maison (la cuisine, le salon et les chambres). Ou encore, la maison Manuel Magalhães (Porto, 1967-1970), située dans une avenue résidentielle, où le parcours d'entrée est également orchestré à partir du passage de l'extérieur à l'intérieur de la maison. Cet espace, entre la première et la seconde

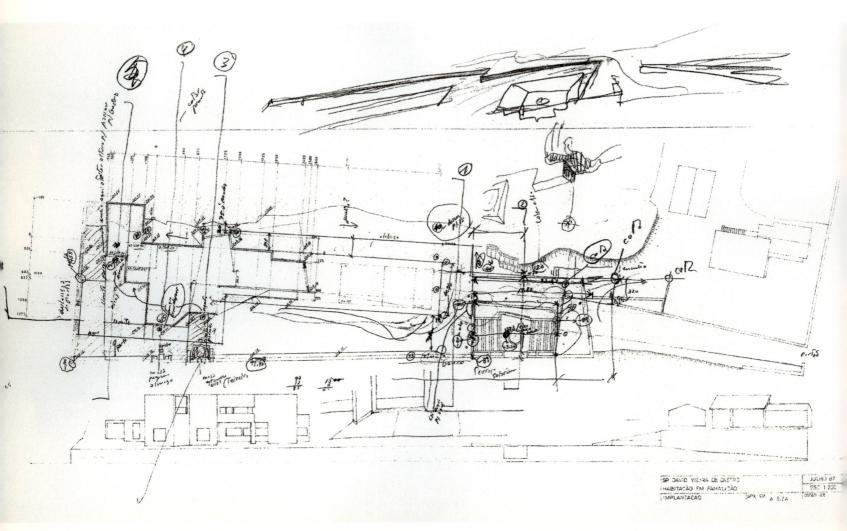

porte — la dernière étant la porte d'entrée — est particulièrement important vu le changement d'échelle de la nouvelle maison construite de plain-pied (à partir d'une petite parcelle qui appartenait au jardin d'une des maisons existantes). Sa largeur est identique à celle du premier tronçon du couloir qui, à l'intérieur, conduit au cœur de la maison.

On remarquera aussi, dans ces deux exemples, l'importance des murs en tant qu'éléments fondamentaux de l'architecture : « la maison portugaise — dit Souto de Moura — c'est le prolongement du mur de clôture et, parfois une fenêtre révèle à peine la présence de la maison. » Cette architecture de murs est proche de toutes ces interventions sur le territoire — ouverture de canaux d'irrigation, constructions en plate-forme, etc. — qui caractérisent le paysage agricole construit par l'homme. On peut encore rajouter, à propos de ces deux maisons (on pourrait en citer beaucoup d'autres), que les parcours décrits se prolongent jusqu'à la partie privée extérieure, unissant ainsi, dans une même architecture, la maison et le jardin.

À Famalicão, la situation particulière du terrain — une parcelle relativement grande, formée par une colline recouverte de sapins, avec une très belle vue sur la vallée — nous invite, selon Siza, à une plus grande ouverture. L'intimité de l'espace domestique ne doit plus se confronter à un environnement proche qui la conditionne, mais doit être conformée à partir d'une distance et d'un éloignement plus importants. La volonté d'organiser l'espace extérieur en continuité avec le cœur de la maison donne naissance à un long parcours qui traverse toute la plate-forme où s'implante la maison et qui conduit, à partir de l'accès principal, à la porte d'entrée située en fond de parcelle. Ce parcours, en bordure de pente

rocheuse et arborée, a aussi pour objectif d'intégrer, en contrepoint et comme partie d'une même architecture, la piscine — qui prolonge la maison —, tout le système des murs, des rampes et des escaliers du jardin, et aussi un ensemble de petites constructions, près de l'accès principal, réhabilitées dans le cadre de cette intervention.

Se confrontant ouvertement avec les différentes échelles présentes — les escaliers existants, les petites constructions près de l'accès principal, la plate-forme de la maison et de la piscine, les grandes lignes du paysage —, le projet recherche une réponse polyphonique permettant à toutes les voix d'être entendues. Ça veut dire, permettre à toutes les formes présentes, qui se renvoient les unes aux autres, de trouver dans la nature à proximité la complémentarité qui leur donne un sens. Dans les plus beaux projets d'Álvaro Siza, le problème n'est jamais la *forme en soi* (ou encore moins une *nouvelle forme*) : « Ce projet — dit Siza, à propos de la maison Vieira de Castro — prétend retrouver ce savoir instinctif, perdu de nos jours, qui a depuis toujours réglé l'étude des dimensions, des proportions et des relations des espaces. »
[*Imaginar a Evidência*, p. 47]

[Traduit du portugais par Laurent Scanga]

RETOUR À PORTO

Entretien 2, Dominique Machabert / Álvaro Siza,

Porto, le 30 décembre 2006

Dès votre arrivée au Thoronet, ne sachant ce que vous alliez y faire, vous avez voulu voir le parking. Vous avez ensuite porté votre attention sur le sentier qui mène à l'abbaye. Vous vous êtes intéressé à des rochers, ce qu'il serait possible d'en faire. Puis vous avez été intrigué par la porterie fermée et vous êtes informé à ce propos. En fait, l'idée du parcours était déjà là, dès le début, avant que cela ne devienne l'objet du travail. Pour quelles raisons ? Est-ce toujours ainsi que ça se passe lorsque vous découvrez un lieu ?

Oui. Surtout dans le cas et l'époque dans laquelle nous sommes plongés au Thoronet où, pour bien des raisons, beaucoup d'attention et de maîtrise à l'implantation des bâtiments était apporté. La nature, la topographie et la vocation du territoire étaient des éléments que l'on prenait en compte. Concernant les bâtiments anciens surtout, il y a un rapport évident, quasi exact entre le choix d'implantation et les voies d'accès. Parmi les plus belles évidences auxquelles on peut assister, quand on sait lire un bâtiment, c'est toute la cohérence qui existe entre le site, la distribution des volumes, la place de la porte d'entrée, les raisons qui ont poussé à l'expression de tel ou tel détail. Par exemple, en regardant la façade de l'église du Thoronet, je t'ai immédiatement dit — tu t'en souviens — que ce n'était pas une porte d'entrée. Pour qui est habitué à lire l'architecture, ces choses apparaissent clairement. Dans le cas d'un bâtiment isolé dans le paysage, on comprend les décisions, les choix qui ont conduit le projet à être ce qu'il est, à la convergence d'une quantité de facteurs comme les voies d'accès par exemple ou, à défaut, les formes et les situations préalables qui expliquent telle ou telle décision pour raisons de commodité, de confort, plus naturelles. On pourrait presque parler de vocation du site, lui-même rattaché à une région plus vaste. Il y a un rapport réciproque entre le bâtiment et le territoire.

Dès le premier contact avec le Thoronet, l'architecte que vous êtes, habitué à lire l'architecture au-delà des volumes, a immédiatement ou presque repéré un défaut. Le parcours tel qu'il est a dérangé l'initié que vous êtes à la compréhension de la composition et de la situation du lieu.

Oui.

Parleriez-vous du parcours comme étant la logique du lieu ou son équilibre ?

Les deux sans doute ; logique et harmonie. Mais c'est plutôt sur la logique que j'aimerais m'attarder. La découverte du parcours et la connaissance que j'en ai eue ensuite au fil des rencontres et des conversations, témoignent par exemple que pour la circulation des gens et le transport des biens — comme dans tous les couvents d'ailleurs — il faut une véritable entrée et un système de distribution générale qui est le cloître et les passages couverts qui y conduisent. C'est ainsi que l'on comprend, compte tenu aussi de l'asymétrie de la porte de l'église, qu'elle n'était pas une porte d'entrée ni une porte principale. Ce que j'ai vu confirmait ce que je savais — ce que tout architecte connaît s'il sait regarder : que l'accès réel était ailleurs. La vie en communauté d'un couvent et toutes les fonctions qu'elle suppose : les travaux, les récoltes, les services, la venue des visiteurs, la situation du cimetière aussi, obligent à comprendre un fonctionnement. L'information que l'on me donnait un peu plus tard au cours de ma première visite concernant la porte de l'église supposée être une porte d'entrée et utilisée comme telle, confirmait ce que l'observation me disait. En fait, c'était « la porte de la mort » — c'est ainsi qu'on l'appelait — par où l'on enlevait les moines morts, d'où la situation du cimetière tout proche. Ce n'est pas un hasard. C'est par la considération de ces facteurs qu'il m'a semblé juste de faire passer les nouveaux visiteurs que sont les touristes, désormais, par l'itinéraire qu'empruntaient les hôtes autrefois. Cette brèche dans le mur en partie ruiné du côté de l'ancienne hôtellerie n'est pas là par hasard. Et cette belle entrée à moitié cachée en forme d'atrium, dans le prolongement de la brèche, non plus.

Imaginons une fiction. Qu'adviendrait-il du musée de Saint-Jacques-de-Compostelle si, par quelques mauvaises fortunes ou mauvaises décisions, le jardin qui le jouxte, qui a été la matrice de la forme et le principe du bâtiment, devait disparaître ? Compte tenu de ce lien fondamental qui lie les deux par le truchement des parcours, devant quelle situation nous trouverions-nous ?

C'est l'intégrité du bâtiment qui serait perdue. Sa lecture, son ordre, le système de rapports seraient anéantis. Cette situation que tu dis improbable ne l'est pas tant que ça. Dans les années quarante par exemple, qui ont connu une effervescence nationaliste, on ne s'est pas gêné pour détruire. Pour redonner un certain lustre à des bâtiments représentatifs, emblématiques supposait-on d'une pureté identitaire, on les a isolés, mis en évidence en détruisant leur contexte bâti. Plutôt que de renforcer des liens avec les fragments d'autres époques — compléments à une logique initiale — on a préféré couper le lien avec l'histoire, sa compréhension, sa lecture. Regarde tout autour de la cathédrale de Porto, toutes les époques antérieures, comme le baroque, ont été détruites ou presque. La cathédrale qui, à l'origine, était complètement enveloppée par d'autres bâtiments s'est retrouvée isolée, magistralement mise en évidence au milieu de très grandes terrasses comme on le voit à présent, alors qu'elle n'était pas faite pour ça. Le rapport d'échelle n'y est plus.
Je ne dis pas qu'il ne faut pas changer les bâtiments et ne pas y apporter de nouvelles choses. Je ne suis pas adepte de cette idée d'intégrité sans y toucher. Mais les changements et les transformations qui surviennent en raison de nouveaux besoins dans de nouveaux contextes, ne doivent pas perdre de vue le noyau initial à partir de quoi tout est parti et si les nouveaux usages et les nouvelles utilisations sont compatibles avec une logique essentielle.
Dans le cas du Thoronet, après le départ de la communauté, une nouvelle activité de l'abbaye ne s'est pas substituée à l'ancienne. La vie quotidienne et ordinaire — normale — qui s'était retirée, n'a pas été remplacée. Les possibilités de changement significatif n'ont donc pas eu lieu ni cette transformation toujours à l'œuvre des bâtiments quand ils sont habités. Mais l'abbaye demeure un bâtiment isolé dans le paysage. L'idée première d'isolement avec comme représentation le désert dont s'inspire l'ordre cistercien, a dû toutefois s'accommoder du tourisme. On a fait un parking que j'ai trouvé bien car il est proche de la route et intégré dans la pente. Le sentier qui mène à la porterie est également assez bien. Mais le point contradictoire à la logique essentielle apparaît avec la fermeture de la porterie, à cause des visites m'a-t-on dit. Cela explique le rôle de « by pass » que joue le bâtiment récent, perpendiculaire à l'accès et par lequel on est obligé de passer pour prendre son billet et accessoirement acheter des livres ou voir des expositions. Le problème, c'est qu'à l'autre bout, on trouve devant soi un escalier et une petite terrasse qui orientent immédiatement l'accès à l'église. J'ai proposé que le « by pass » que représente la billetterie n'interrompe pas le parcours. J'ai voulu que l'on renoue avec la trajectoire abandonnée plus tôt. Je ne tiens pas à toucher à l'existant, mais il y aura des signes pour indiquer le sens du parcours.

À l'inverse de la fiction précédente, imaginons une situation qui consisterait à ôter le bâtiment pour n'en garder que les traces au sol. Est-ce que cette situation révélerait quelque chose d'essentiel du bâtiment ?

Oui, très certainement, la fondation et aussi le fondement. D'ailleurs, la question se pose avec acuité lorsque, devant un vieux bâtiment ruiné, on s'interroge sur la suite à lui donner. On est partagé entre la tentation de refaire le bâtiment ou du moins une partie parce qu'on a des indices concrets : des ciments, des enduits, des notes historiques et, de l'autre, celle de laisser les traces en l'état et d'accompagner cela par l'édition de documents, de livres, d'images virtuelles permettant de comprendre ce que la ruine en question pouvait être. J'ai un exemple récent là-dessus qui illustre cette nécessaire intervention des archéologues visant à protéger les

ruines d'une belle villa romaine découverte du côté de Coimbra au Portugal. Devant la dégradation lente mais bien réelle que provoque la visite des touristes, ils ont décidé d'installer une grande couverture transparente pour protéger les vestiges qui restent visibles. Moi, je trouve que les vestiges sont beaux tels qu'ils sont. On se dit alors qu'il vaudrait peut-être mieux, à l'aide de plans, refaire et laisser le site en paix, de le recouvrir une fois le travail de relevés fait, meilleure manière de le préserver durablement. Et le cas échéant, on peut toujours le retrouver. On sait qu'il est là, en dessous. À Pompéi, il y a des parties reconstruites, mais en général on a affaire aux véritables ruines, d'une très grande beauté. Ce que l'on me dit, c'est qu'en dépit du grand soin apporté, les protections n'empêchent pas la dégradation progressive. La question demeure.

Il paraît que Fernando Távora avait fait construire au sol un premier niveau de parpaings pour être au plus juste du projet avant qu'il ne soit construit et éventuellement pour y apporter des modifications. Est-ce une attitude que vous comprenez ?

Je ne vois pas de quel projet il s'agit, mais je sais qu'il est souvent intervenu dans des cas de récupération de couvents destinés à d'autres usages et auxquels il fallait apporter une extension comme souvent. C'est le cas du couvent de Ponte de Lima devenu école supérieure d'agronomie. Ce travail, comme les autres, ne concerne pas seulement le bâtiment. Il est à l'échelle du territoire. Entre le couvent et l'auditorium dans la partie nouvelle détachée du corps de premier bâtiment, il y a un cours d'eau que l'on est obligé de franchir pour passer d'un côté à l'autre. Amenée par un aqueduc, l'eau qui traverse même les cuisines est la même qui a irrigué les champs en amont. Au cours de la visite, Távora prenait grand soin de faire traverser le cours d'eau. C'est cela un travail à l'échelle du territoire.

Est-ce à dire que le parcours oriente tout ce qui vient après ?

Évidemment.

Et si l'on retirait le Thoronet, qu'est-ce qu'il resterait ?

Il resterait des ciments, des fondations. Ainsi, on pourrait comprendre le rapport avec le territoire. À l'aide de ce que l'on saurait d'autres bâtiments cisterciens, on pourrait imaginer comment était le Thoronet. Mais beaucoup de choses manqueraient. Chaque pierre a un auteur. Les bâtiments médiévaux portaient des signatures comme tu le sais. La réalité matérielle d'une œuvre collective comme peut l'être un monastère ou un couvent ou une ville est précieuse pour la suite. L'idée de cathédrale soutient que tout le monde pouvait y entrer. C'est pourquoi, elle est colossale. Si cette présence colossale est absente, on peut toujours vous raconter comment c'était ou vous montrer des images virtuelles, mais le contact concret, c'est tout de même autre chose. De la même manière, la signification n'est pas seulement dans les traces. La dimension matérielle d'une construction a une grande valeur. On sait combien est irréparable la perte d'une ville, d'une société ou d'une civilisation survenue à l'occasion de destructions violentes, de phénomènes de décadence ou de transformations.

C'est l'Histoire.

C'est l'Histoire. À Varsovie par exemple, complètement détruite par la guerre, tout a été reconstruit dans l'esprit d'avant. Cependant, beaucoup de choses, d'éléments perdus l'étaient définitivement. Il est vain d'imaginer qu'il est possible de tout retrouver en reconstruisant. Il n'empêche qu'il était très important pour les gens, de rétablir un lien avec un passé que représentaient les bâtiments. Dans d'autres cas, on a fait tout autrement, comme à Rotterdam construite sur les bases d'une nouvelle ville. De cette période, on a d'un côté cette euphorie de fin de guerre. On parle d'homme nouveau, d'un monde plus juste, de paix. C'est l'utopie du mouvement moderne. De l'autre, on tente d'effacer les témoignages, les traces du drame, l'éventuel sentiment de culpabilité, de trouver les conditions d'un nécessaire oubli.

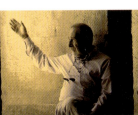

N'était-ce pas la question qui était posée lorsqu'il vous a été confié la reconstruction du Chiado à Lisbonne, quartier partiellement détruit par un incendie en août 1988. Les conditions n'étaient pas aussi tragiques que celle d'une guerre bien sûr, mais enfin le débat était bien celui-ci : récupérer ou faire nouveau et neuf.

En effet, la question était à peu près celle-ci et, à ce propos, l'histoire des parcours était un des arguments concrets à partir de quoi notre travail s'est développé.

Comment cela ?

Le Chiado est un vaste nœud de parcours, un point de passage incontournable dans la géographie de Lisbonne entre la Baixa et le Bairro Alto. On y passe pour se rendre dans la ville haute accessible aussi par l'ascenseur métallique Santa Justa. Le Chiado est un lieu de passage, aussi un lieu de rencontre, de permanence. Un point assez réduit mais très significatif de la vie à Lisbonne où alternent mouvement et stabilité à cause des cafés, des librairies… On reste bien plus de cinq minutes dans une librairie, n'est-ce pas ?

Votre travail a consisté à aérer le quartier qui était devenu décadent, à libérer d'anciens patios, réutiliser d'anciens passages, des escaliers, en inventer d'autres, donner à des rues oubliées de vrais usages, un vrai statut, comme la rue do Crucifixo par exemple par où l'on accède au métro, les portes de métro… En fait, un vrai travail sur les parcours. Vous avez écrit un beau texte qui expose très bien cela ; une balade dans le Chiado : avant, pendant et après…

Ce n'était pas la seule dimension de notre travail, mais celle-ci a beaucoup compté. Parmi les faits nouveaux, celui du métro a été le plus fort comme l'avait été l'ascenseur au XIXe siècle. Notre travail a consisté à tisser des liens distendus avec la grille systématique de la Baixa voulue et réalisée par le Marquis de Pombal, 1er ministre du roi Joseph Ier, après le tremblement de terre de 1755. Le Chiado est la transition entre le plan horizontal et géométrique « pombalino » — plan magistral portant quelques défauts mais très émouvant — et l'accident médiéval où il est plus compliqué et stimulant d'intervenir.

La situation d'un autre projet comme le restaurant Boa Nova à Matosinhos laisse à penser que le parcours est le projet. Amenés par des murs, on est orientés avant d'entrer d'un côté, puis de l'autre, de la mer au paysage lointain, puis au site immédiat. Au fond, ce restaurant n'est qu'un prétexte pour un parcours… C'est un parcours.

J'étais très jeune et cela nous ramène bien loin. L'histoire de ce projet est connue. C'est Távora qui devait le faire mais comme il allait entreprendre un voyage autour du monde, c'est nous — ses collaborateurs — qui avons pris le relais. À la fin, je me suis retrouvé seul tant mon attachement à ce projet était grand. Il convient d'abord de dire que l'implantation du bâtiment est le fait de Távora, sa décision. C'est important, car tout part de là. Avant son départ, il nous a montré le site, le plus difficile, le plus improbable pour nous comme il l'aurait été pour quiconque. Imaginez : un restaurant qui tourne le dos et qui regarde du côté des rochers impraticables. Faire un projet pareil, sur un site si stupéfiant, nous mettait dans une tension permanente et difficile. Nous avons respecté ce choix de départ, celui de l'implantation, ce qui nous a amené à modifier le projet initial, pas celui que l'on connaît, mais un autre. Dès le départ, j'ai compris que cela n'irait pas car cela a à voir avec le parcours. Vu le site particulièrement accidenté, le premier projet avec ses deux mètres de haut en rajoutait un peu trop. L'un et l'autre, c'était trop. C'est alors qu'une idée m'est venue, près d'une année plus tard et après tant de mois de travail et d'études. Elle consistait à faire une ligne horizontale, proche de la surface, presque posée sur les accidents des rochers. Le rabaissement du volume rendait alors impossible une entrée par le bas. L'alternative était alors de rentrer par le second étage. De là, des escaliers descendent à l'intérieur conformément au principe de départ, à la pente. On voit comment le parcours à l'intérieur du bâtiment a des conséquences sur les volumes. Entrant par le haut pour aller vers le bas, on comprend que le toit soit comme il est, les fenêtres, etc. L'étude du mouvement, celui des services notamment, nous a amenés à disposer les deux salles latérales comme elles sont et, en dessous du hall d'entrée, les fonctions liées au restaurant.

Ce n'est qu'après que nous nous sommes préoccupés de l'accès qui mène au bâtiment. Il y avait déjà un accès naturel sur le bord de la colline mais, après vérification, la nécessité de créer un parcours bien clair s'est imposée. Donc, il y a ces murs en béton qui soutiennent la petite colline et ordonnent ce qui était un peu brouillon où l'on ne distinguait pas très bien l'accès à la plage, les voitures… Bref, ces murs canalisant l'accès au restaurant forment comme une spirale où, d'étape en étape, on franchit progressivement la pente jusqu'à son niveau supérieur. Successivement on voit l'intérieur de la colline plus belle autrefois qu'elle ne l'est aujourd'hui. Ensuite, on tourne pour prendre l'escalier, il y a le port au fond et, en pivotant à nouveau, on voit la mer et les petits bateaux de pêche qui passent. C'est après que l'on rentre dans le bâtiment et que l'on voit directement devant soi, en contrebas, derrière la baie vitrée, les petites retenues d'eau ramenée par les vagues, prisonnières des rochers. Le parcours intègre aussi cette vue isolée.

Chez vous le parcours est plutôt une suite de lignes brisées, de contours. Pas de ligne droite sinon celle que vous avez dessinée sur le sol entre le monastère et le musée à Saint-Jacques-de-Compostelle avec en perspective un arbre isolé. Là, c'est tout droit.

Ce ne sont pas des choix arbitraires. Dans tous les cas, c'est la topographie qui oblige. Il arrive aussi que les critères de facilité, de commodité ou de coût expliquent tel ou tel tracé. Dans le cas de Saint-Jacques-de-Compostelle, le zigzag qui mène à la partie haute du jardin s'explique par sa division antérieure, en potagers ou en jardins d'agrément, par les moines du couvent. Autre exemple : pour accéder en haut d'une côte où se tient un bâtiment plutôt modeste, la présence d'un escalier droit risquerait de dramatiser le rapport. Dans ce cas, il vaut mieux briser, fragmenter l'ascension pour ne pas rendre magistral un accès pas fait pour ça. Tu vois qu'il y a bien des raisons d'expliquer la ligne brisée ou la ligne droite.

Ce sont les raisons concrètes qui orientent…

Pour moi, il n'y a pas d'idées préconçues sur cette question mais des solutions reprises au besoin, éprouvées par l'expérience et la connaissance du patrimoine et de l'histoire de l'architecture. Pas de solutions systématiques, mais des solutions à des problèmes spécifiques.

Le fait de regarder votre travail par le biais du parcours m'a amené à en remarquer l'importance dans toute votre œuvre. Le déplacement, le mouvement, l'itinéraire, parfois la promenade sont chez vous des facteurs importants d'architecture. Vous dites que le parcours et sa forme sont les conséquences de raisons concrètes qui font l'histoire de l'architecture. Faire de votre œuvre une histoire des parcours serait-il suffisant ?

Pour moi, le parcours est très important, mais on ne peut réduire la compréhension d'une œuvre à cette question. Je me souviens d'une critique très intelligente écrite à propos d'une de mes premières œuvres — mes premières maisons à Matosinhos faites au milieu des années cinquante. L'auteur de cette critique avait fait une analyse à partir du parcours qui lui semblait un trait distinctif de ce travail. Il indiquait justement que le projet était tellement préoccupé par cette question, qu'il en était chargé. C'était « trop », trop de parcours. Il manquait ce qu'il faut à une maison, de la stabilité pour le repos. J'ai toujours retenu cette première critique. Sans doute mon attention visant à faire du parcours un instrument de compréhension et d'étude du territoire s'était-elle prolongée jusque dans la maison. Mais mon désir de vouloir bien faire m'avait fait oublier qu'il convenait d'apporter aussi et surtout la stabilité qui convient à ce genre de programme.

Le parcours oui, mais à des fins de stabilité ?

C'est l'objectif.

On pourrait penser les typologies ainsi ; les unes plus propices à la stabilité, d'autres au mouvement ?

Comme pour toute chose — prenons l'exemple du jardin —, il y a des moments d'activité plus intenses, des grands espaces et d'autres plus petits pour le repos. Il y a aussi de grandes perspectives. L'architecture fait avec tout cela, elle est tout cela à l'échelle du territoire. Alors bien sûr, c'est l'histoire d'un balancement entre les deux. Il arrive que le thème du parcours s'impose comme c'est le cas par exemple pour le sanctuaire Bom Jesus à Braga. Il suffit de regarder pour comprendre l'importance des grands escaliers bordés de part et d'autre par des sculptures baroques qui mènent à l'église. Ils donnent le sens général. Cela me fait penser que les revues trop pressées de publier les œuvres oublient de les rattacher à ces éléments et à ces problématiques que nous évoquons. Je peux faire part de ma grande surprise à l'occasion de ma première visite de Ronchamp sur quoi je n'avais presque rien lu qui concerne la découverte, l'approche du sanctuaire, la sagesse de la topographie, du terrain, du paysage, rien non plus sur la liturgie, l'utilisation d'un sanctuaire et sa visite, etc. Quand on lit les informations cela fait beaucoup d'intentions tu comprends ?
Mais quand on visite, alors là, c'est autre chose. Parler de Ronchamp sans l'approche du bâtiment, ce serait comme publier la façade de l'église de Bom Jesus à Braga sans les escaliers. Alors oui ! Il y a des manières d'utiliser le territoire qui donnent aux parcours une importance plus profonde que le bâtiment lui-même ou qui encore l'expliquent.

Ronchamp ne serait pas Ronchamp sans le parcours et Bom Jesus pas ce qu'il est sans les escaliers ?

Oui et c'est toujours mieux de voir en vrai. Comme la Tourette dont nous avons parlé et que nous avons d'ailleurs visité ensemble. On sait que Le Corbusier a visité le Thoronet et l'on peut fort bien comprendre et imaginer le profit qu'il a tiré de cette visite. Alors que le Thoronet est blotti dans le paysage, la Tourette, au contraire, s'élève au-dessus. Peut-être est-il possible d'expliquer par ce biais que Le Corbusier ait élevé les murs des terrasses pour retrouver l'intimité du rapport avec soi-même que l'abondance de paysage pourrait distraire ? Le petit monticule placé à un endroit précis sur la terrasse de la Tourette, question de voir par-delà les murs — et quels murs ! — semble bien montrer que le paysage a été retiré. Le sentiment d'intériorité que l'on éprouve au Thoronet est obtenu par la forme du couvent dans le paysage. Ce même sentiment à la Tourette a demandé que l'on élève des murs. Alors bien sûr que l'on peut faire des rapports entre les deux qui sont évidents. Mais pour qui aurait visité une quantité de sanctuaires ou de couvents en Europe, en Inde ou en Amérique du Sud ou Ronchamp, on verrait que les rapports sont si vastes qu'il est impossible de les confiner à deux particularités.

Parleriez-vous dans le cas de Ronchamp d'une intention plastique, aussi dans le parcours ?

Je ne dirais pas plastique, c'est beaucoup plus que ça. Il s'agit de la compréhension de tout le paysage, de tout le territoire. Il n'est pas aussi simple, il est même impropre de dire que le bâtiment serait une production du territoire et du site. C'est autre chose encore. Comment se fait-il que, se rendant sur place pour la première fois, sans carte et sans indication particulière, il soit quasiment impossible de ne pas trouver. Certes l'implantation du bâtiment est claire si bien qu'il semble naturel de s'y trouver en face. Mais l'intelligence de tout cela, la découverte, la visite, la religiosité, dépend du parcours, chose discrète, l'air de rien. Dans le cas de Bom Jesus à Braga évoqué tout à l'heure, le dispositif est tout autre. Qui pourrait se tromper ? C'est extrêmement construit. Mais il existe des cas plus subtils, sans même d'architecture bâtie, où le paysage, la topographie, la nature suffisent. Je pense que le rapport avec la nature est un trait caractéristique des sanctuaires. Il y a dans les îles de Polynésie, des sanctuaires qui n'ont pas besoin d'architecture, mais des rochers, des éléments naturels. Il y a là une telle présence, qu'il n'est pas besoin de construire.

Une évidence finalement.

Oui.

Il me semble que les questions relatives au parcours — ce que nous sommes en train d'évoquer en témoigne — sont associées au rapport au sol, à la proximité tactile, à l'adhérence. Pensez-vous qu'une architecture verticale est tout aussi concernée par ces questions ?

Je pense au Guggenheim de Bilbao qui n'est pas très haut, mais où la question du parcours comme dans tous les musées est manifestement posée. En fait, ce sont les sanctuaires qui m'ont fait penser aux musées qui sont ces nouveaux sanctuaires tant l'art fascine désormais. Bon. Quand on entre dans un gratte-ciel dont les types varient plus qu'on ne le pense — disons un gratte-ciel de qualité comme le Rockfeller Center ou le Chrysler Building à New York — on note l'importance des dimensions. Tout y est à une autre mesure. Le rez-de-chaussée comme base du bâtiment — aussi pour des raisons de fonction — est énorme comme le sont les ascenseurs. Les cages d'ascenseur dans le bâtiment de Mies van der Rohe sont énormes. Il importe de ne pas s'y sentir égaré mais plutôt enveloppé dans un tout construit. Ces éléments donnent la mesure concrète, humaine de ce qu'est une hauteur pareille, presque inimaginable et de l'intensité de la vie qui s'y déroule, presque inhumaine. Le travail sur les dimensions et les échelles, ça accompagne, ça aide à rendre humain ce qui s'est mis à dépasser les bornes traditionnelles.

Une architecture verticale est tout aussi concernée par les principes de parcours ?

Évidemment.

Souvent vous évoquez la Tour dos Clerigos, bâtiment situé sur une hauteur de la ville à Porto que l'on voit de très loin. Cette pièce architectonique qui oriente ne servirait-elle pas au fond qu'à ça ?

Bien sûr. C'est pourquoi il ne faut pas isoler une architecture de son contexte et ne pas isoler le thème du parcours de celui de l'architecture. L'histoire de la Tour dos Clerigos remonte à une vieille rivalité entre deux paroisses situées sur deux hauteurs se faisant face. De part et d'autre de la place centrale de Porto en bas, à la sortie de la ville médiévale, il y a d'un côté la rue Saint-Antoine et de l'autre celle des clercs, dos Clerigos. Songeant à dominer la paroisse de Saint-Antoine, la paroisse dos Clerigos commanda à l'architecte Nasoni une tour. Ce dernier fit autrement qu'à l'habitude. Pour gagner un peu de hauteur à la faveur de la pente régulière, il a posé la tour en arrière plutôt qu'en façade sur la rue. Comme cela, il gagnait quelques mètres. On peut aussi lui prêter l'intention d'avoir voulu orienter la tour en direction de la ville nouvelle comme pour amorcer son nouveau développement. Il y avait d'ailleurs déjà un marché à cet endroit. Cette intention est la même que celle de Michel-Ange quand, pour la place du Capitole, il a fait ces fameux escaliers, du côté du nouveau développement baroque de Rome. Le thème du parcours doit être abordé dans son entité la plus large. L'importance du parcours tient précisément à sa discrétion. Discret parce que rarement interrogé et efficace à ce titre précisément, l'air de rien. Le parcours est à la fois dépendant de l'architecture comme il en ouvre les perspectives. Parcours : créateur d'architecture comme chez Michel-Ange.

Il y a justement et toutefois, ce projet pour Madrid dont l'argument est de conduire le visiteur devant deux œuvres de Picasso : La femme enceinte *et* Guernica. *Là, il s'agit à proprement parler d'une architecture-parcours, non ?*

Il s'agit d'un projet très spécial, très personnel, intime. L'histoire est la suivante. J'avais été invité sur place, comme d'autres, pour faire le choix d'un site, pour un projet qui n'avait pas vocation à être construit. La raison de cette invitation est consécutive et dépendante de mon succès d'abord et à ma grande déception ensuite de ne pouvoir construire le musée de l'Armée dont j'avais gagné le concours. Il s'agissait d'un bâtiment très important, peut-être le plus important de ma vie. Pour me consoler, j'ai profité de l'occasion qui m'était offerte pour faire un projet qui m'amuserait un peu, plus modeste évidemment. L'entrée se trouvait dans le même jardin que sur le site du projet non réalisé. Il était prévu de passer sous la route, après quoi on accédait à deux galeries qui, au bénéfice d'une pente, émergeaient du sol pour finir sur une grande fenêtre donnant sur le grand parc Ouest à Madrid. C'était un peu court comme idée, alors j'ai mis à contribution une récente expérience faite dans un palais proche du Prado, auprès de la magnifique installation du *Guernica* et de ses dessins préparatoires. J'étais très impressionné aussi par ce que peut signifier *Guernica*, la guerre, la mort. En réponse à cela, quoi de mieux qu'une femme enceinte. J'avais mon idée. J'ai fait une galerie pour la mort, une autre pour la vie. Si l'on regarde bien, il y a entre les deux axes, une galerie étroite qui les réunit indiquant qu'en cours de route, dans la vie, on peut toujours changer d'avis. J'aime beaucoup ce projet même s'il est un peu spécial, un peu trop « littéraire », qu'il s'émancipe trop de l'idée que j'ai de l'architecture.

Un projet trop détaché de la réalité ?

Oui. Disons que l'architecture n'est pas faite pour raconter des histoires. Tant mieux si on lui en fait dire, si elle est prise dans des récits ou si elle y contribue, mais elle n'est pas faite pour ça.

C'est la première fois que je vous entends faire l'aveu de cette tentation pour une architecture non réaliste. Il est vrai que vous insistez toujours beaucoup sur le caractère concret, réel des choses comme une prudence devant les intentions poétiques que l'on vous prête, avec raison d'ailleurs. Vous revenez toujours aux arguments essentiels : le programme, le site, les usages, l'histoire de l'architecture…

Oui. Dans le cas de ce petit musée autour de deux œuvres de Picasso, c'était libre, pas de contrainte. Ce ne sont pas exactement les données de l'architecture.

Ce questionnement sur le parcours parti de votre réflexion et de votre proposition au Thoronet, m'a amené aussi à des interrogations « inutiles » comme à propos de ce petit musée de Madrid que nous venons d'évoquer. Tentant d'abord la chose du côté de la virtualité des parcours, je me suis posé la question de la forme que pourrait prendre l'eau ou l'air qui n'en ont pas sinon celui de leur parcours justement. Qu'est-ce que cela vous inspire ? Quelles formes pourrait donner le trajet de l'eau ou de l'air qui circule. L'eau ou l'air n'auraient pas forcément la forme des tuyaux qui les conditionnent.

Ces éléments qui sont des forces naturelles ont une place très importante dans les décisions. Tu connais le rôle de l'eau dans les jardins, à Saint-Jacques-de-Compostelle, jardins qui conditionnent à leur tour la forme du musée. L'étude de ce réseau historique enseveli et que nous avons mis à jour pendant le projet, nous a enseigné la grande sagesse qui était en jeu, celle des Arabes qui

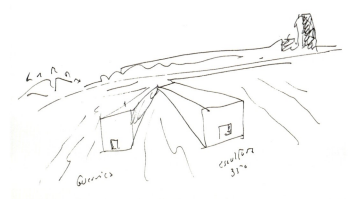

étaient alors en Espagne. L'eau s'arrange des contraintes de sorte qu'elle dessine le paysage. Un toit en pente ou en terrasse interroge toujours la façon d'acheminer l'eau hors de la maison. Tous ces phénomènes influencent le projet. Regarde les traces que laissent les ruissellements, les parcours, les chemins, les passages. Ce sont des éléments très précieux qu'il faut savoir regarder et interroger. L'eau, c'est aussi un élément qu'il faut contrôler car elle peut provoquer des désastres. Si l'on parle de l'air, du climat et de leur importance sur les sites, alors on est amené à aborder l'orientation de la maison, des fenêtres, de l'entrée, les vents dominants. Dans certains cas, on se protège du nord et on se tourne vers le soleil, dans d'autres, cette idée qui se justifie n'est pas systématiquement appliquée. Pourquoi ? Dans le Minho par exemple, au nord du Portugal, presque toutes les maisons anciennes ont leur véranda tournée au nord. C'est que, pendant l'été, on a besoin de se protéger du soleil et le temps n'est pas aussi froid que dans l'intérieur du pays ou aussi venté que sur la côte. Nous travaillons avec ces données qui garantissent le confort dont nous avons tous besoin.

Il est vrai que l'eau peut « dessiner », comme l'air, follement, dans le cas de désastres.

Follement ou tranquillement quand on voit le cours d'un fleuve le long du territoire qui donne sa raison d'être à l'agriculture, à des villes, des ports, à des voies de communication. Regarde comment Porto et toute sa région s'expliquent bien à partir de l'existence du fleuve Douro.

Il y a ce texte de vous, « Porto vu du train », où par la répétition de vos allées et venues sur la ligne, vous fixez une image de la ville qui finit par devenir mentale plus que réelle à force d'impressions. Une vision. Est-ce que le parcours est pour vous aussi une idée ? Le parcours comme une pensée ?

Oui, mais dans le cas de ce texte, il ne s'agit pas d'une idée purement spéculative, venue de l'intérieur. À chacun ses idiosyncrasies. Il ne s'agit donc pas d'idées préméditées, élaborées et ensuite soumises à l'épreuve de la réalité, de la faisabilité… C'est d'une captation dont je parle. Pareil que ce qui s'est passé au Thoronet où, sans même réfléchir, j'ai noté le changement de parcours qui s'était opéré. Je n'avais pas encore de documents sous les yeux et pourtant j'ai eu une vision des déplacements, des fonctionnements et des usages qui s'est avérée exacte quand, plus tard, j'ai pu consulter les documents. Cette captation, je la dois à ma formation d'architecte. C'est comme cela que je comprends cette phrase de Le Corbusier : « Ces yeux qui ne voient pas ». La vision n'est pas la vue. Il faut beaucoup d'entraînement pour acquérir cette vision. C'est pourquoi, il faut apprendre l'architecture et voyager. Autrefois, il y avait les *Prix de Rome* en France. C'était une façon de s'immerger dans ce passé si présent qu'est la ville de Rome avec ses couches qui se superposent. Au cours de leurs voyages lointains en Orient ou en Grèce, les architectes tels que Le Corbusier ou Louis Kahn ne faisaient pas que succomber à leur passion pour le dessin, à leur goût pour le voyage, pour la nature ou le beau. Je pense que c'était un apprentissage parfaitement conscient. Dans le cas de Le Corbusier, sans doute.

Il m'apparaît que vos séjours sur la Côte d'Azur font partie de ces voyages de captation, de vision dont vous parlez. Une rencontre au-delà même du physique de la ville de Nice et de la région, n'est-ce pas ? Quelque chose dans l'air.

Je ne crois pas être le seul. J'ai bien des compagnons de route qui ont fait le même voyage et ne s'en sont pas lassés. Combien de peintres, de cinéastes, de comédiens, de danseurs, d'écrivains se sont arrêtés là ? Il y avait une sorte de magie à Nice. Est-ce le paysage ? Nice a cette côte formidable avec tous ces bâtiments, ces hôtels qui sont l'évocation permanente d'une époque qui a fait de Nice un mythe. Il y a l'intérieur du pays, les montagnes et la végétation luxuriante. Il y a mon musée préféré : celui de Picasso à Antibes. Je ne sais comment il est, à présent, mais je me souviens que l'on pouvait ouvrir les fenêtres et sentir l'odeur de la mer en même temps que contempler ces chefs-d'œuvre de Picasso dont il émane tant de joie. Il y a Matisse, Vallauris… Je suis venu plusieurs fois à Nice en compagnie d'amis. La première fois, ma femme était encore là. J'ai tant de souvenirs… Tu sais, bien qu'étant une ville si différente et pour d'autres raisons, Nice me fait le même effet que Venise. C'est le même enchantement.

Je me souviens qu'à propos de votre utilisation tardive de ce matériau traditionnel au Portugal qu'est l'azulejo, vous relatiez l'importance qu'avait eu la lumière de Lisbonne dans cette découverte. Dans le cas de Nice et de Venise, leur lumière, si différente de celle de Porto, vous importe-t-elle ?

Il y a cette chaleur générale qui n'est pas si visible, mais perceptible. La lumière, c'est surtout, à la fin du jour, d'une beauté incroyable qui me rappelle celle si extraordinaire de Venise sur les ponts.

BIOGRAPHIES

Álvaro Joaquim Melo Siza Vieira est né à Matosinhos près de Porto, Portugal, en 1933. Diplômé de l'École supérieure des beaux-arts de Porto où il étudie de 1949 à 1955, il rejoint, de 1955 à 1958, l'atelier de son professeur et ami Fernando Távora, personnalité remarquable de l'architecture portugaise ; après quoi il fonde son propre atelier. Il signe sa première œuvre, le restaurant Boa Nova, en 1954. De 1966 à 1969, puis en 1976, il enseigne à l'école d'architecture de Porto (ESBAP). Il est aussi professeur invité à Lausanne, à l'université de Pennsylvanie, à Bogota, à Harvard. Dans les premiers temps, Álvaro Siza construit peu et signe ses premières œuvres au nord du Portugal en raison surtout du confinement dans lequel le régime fasciste de Salazar tient les architectes progressistes jusqu'en 1974. La Révolution d'avril leur offre la perspective de mettre à profit leurs recherches en rapport avec les tendances européennes, dont les programmes SAAL visant à loger les populations les plus démunies ainsi qu'à mener une action de fond sur l'urbanisation des agglomérations portugaises (quartiers de São Vitor, de Bouça à Porto…). Après quelques œuvres majeures (restaurant Boa Nova, piscine de Leça da Palmeira, quartier de Malagueira, des maisons, deux banques…), sa réputation l'amène à l'étranger où il travaille et construit : en Hollande et Allemagne d'abord, Espagne, Belgique, Italie, Brésil, Corée ensuite. La reconstruction du Chiado, quartier de Lisbonne ruiné par un incendie en 1988, le consacre dans son propre pays comme son plus grand architecte. De cette période, des œuvres de grandes dimensions lui sont commandées : l'école d'architecture de Porto, Centre galicien d'art contemporain, le Pavillon du Portugal à l'Exposition universelle de 1998, école de Setubal, bibliothèque universitaire d'Aveiro, église de Marco de Canaveses, musée de la Fondation Serralves, etc. De nombreux prix et marques de reconnaissance jalonnent son parcours comme le prestigieux prix Pritzker qu'il reçoit en 1992 et le Lion d'Or de Venise en 2002. Álvaro Siza vit et travaille à Porto.

D'autres rêvaient de devenir footballeur ou chanteur, lui, voulait être Portugais.
Dominique Machabert est journaliste indépendant, auteur, intervenant à l'école d'architecture de Clermont-Ferrand (ENSACF).
Une enfance et une adolescence passées au contact de la communauté portugaise dans les années soixante et plus, l'ont amené à faire du Portugal le motif de sa recherche. De là, la rencontre avec Álvaro Siza dans les années quatre-vingt, puis celles avec Eduardo Souto de Moura et d'autres dans et en dehors des milieux de l'architecture. Il écrit des textes confidentiels qui témoignent de ces rencontres situées dans les territoires et les espaces qui sont aussi ceux d'une pensée qu'il résume en ces termes : « Je désigne par Portugal toutes sortes de choses ».
Il a réuni et traduit les textes de Siza : *Des mots de rien du tout-Palavras sem importancia* (Publications de l'université de Saint-Étienne, 2002). Co-auteur de *Créer la ville, paroles d'architectes* (Le Monde / Éditions de l'Aube, 2003). Dominique Machabert vit au Puy-en-Velay dans le Massif Central.

Carlos Manuel de Castro Cabral Machado est diplômé en 1987 de la faculté d'architecture de Porto (FAUP) où il enseigne depuis 1988. Il collabore avec Eduardo Souto de Moura de 1987 à 1988. En 2006, il soutient sa thèse de doctorat *Anonymat et banalité, architecture populaire et érudite pendant la deuxième moitié du XXe siècle au Portugal*. Carlos Machado vit à Porto.

Carlos Seoane, diplômé en 1989 de l'université de Saint-Jacques-de-Compostelle, obtient le « Master » d'architecture en 1991 à l'université de Columbia de New York où il rejoint de 1991 à 1992 Viñoly Architects. De 1994 à 1996, il travaille avec Álvaro Siza. Professeur associé à l'école d'architecture de la Corogne depuis 1996, il a reçu divers prix, a participé à diverses publications et programmes pour la télévision dont *Santiago, ville contemporaine*. Carlos Seoane vit entre la Corogne et Saint-Jacques-de-Compostelle.

Laurent Beaudouin sort diplômé de l'école d'architecture de Nancy en 1979. En 1983, il étudie à la Cooper Union School de New York. En 1987, avec son épouse, il fonde l'Atelier Beaudouin. Au sein de l'équipe constituée par Álvaro Siza, auteur du nouveau plan d'urbanisme, il participe à la récupération de centre de Montreuil dans la région parisienne. De 1986 à 1999, il enseigne à Paris-Belleville au sein du groupe Uno et, depuis, à l'école d'architecture de Nancy (ENSAN). Laurent Beaudouin vit à Nancy.

Marc Barani a poursuivi des études d'architecte à l'école d'architecture de Marseille dont il sort diplômé en 1984 puis de scénographie à la Villa Arson. Il complète sa formation par des études d'anthropologie qui le conduisent notamment au Népal. Il débute son activité professionnelle en 1990 et oriente désormais son activité vers des projets d'ouvrages d'art et d'infrastructures urbaines. Il a enseigné à Paris et Marseille et donne de fréquentes conférences en France et à l'étranger. Marc Barani vit à Nice.

Roberto Collovà est architecte et photographe sicilien. Il enseigne à la Faculté d'architecture de Palerme. Membre du Forum de la revue *Lotus International*, il publie de nombreux travaux critiques — textes, photographies — dans diverses revues internationales. A travaillé auprès de Vittorio Gregotti, Pierluigi Nicolin et Álvaro Siza. Roberto Collovà vit à Palerme.

Nuno Higino a étudié la théologie. Ordonné prêtre en 1985, il est nommé à Marco de Canaveses de 1988 à 2001 où il sera à l'initiative de la nouvelle église, celle d'Álvaro Siza. Rejoint ensuite les universités de Comillas et Complutense à Madrid pour se consacrer à la philosophie. Renonce à son ministère en 2005. S'apprête à soutenir sa thèse de doctorat de l'Université Complutense sur le thème *Le processus créatif chez Álvaro Siza à partir de la déconstruction*. Nuno Higino vit à Matosinhos près de Porto.

Eduardo Souto de Moura travaille chez Siza de 1974 à 1979 en même temps qu'il poursuit ses études à l'École supérieure des beaux-arts de Porto dont il sort diplômé en 1980. Il s'impose très vite comme une personnalité majeure dans le renouvellement de l'architecture contemporaine portugaise et compte parmi les architectes européens les plus convoités. Il enseigne à l'école d'architecture de Porto (FAUP) et dans d'autres établissements européens comme professeur invité. Parmi les nombreux prix internationaux, il reçoit au Portugal, en 1998, le prix Pessoa, attribué pour la première fois à un architecte. Eduardo Souto de Moura vit à Porto.

CRÉDITS

Roberto Collovà : pp. 15(b), 44, 45, 46, 48, 49, 51(b), 52, 49, 60, 61, 105, 107, 109, 127.

Dominique Machabert : pp. 11, 12(h, g), 14(g), 16(d), 18, 25, 26(b), 29, 30(h), 31, 36, 39(b), 43(bg), 63, 66, 67, 68(g), 69, 72, 73, 78, 80, 81(hg), 83, 84, 85, 86, 87, 88, 89, 91, 94, 95, 99, 100, 101, 102, 103, 111, 114, 115, 116, 117, 118.

Archives Parenthèses : pp. 14(hd), 17, 20, 26(h), 27, 28, 32, 38(bd), 45, 47, 50, 51(h), 112(h).

Jacques Pouillet : pp. 12(b), 23, 112-113, 121.

Laurent Scanga : pp. 5, 7, 8, 9, 42.

Carlos Seoane : p. 92(g, b).

Álvaro Siza : Tous dessins et pour le Thoronet, premier séjour (août 2006), pp. 13, 21, 22, 42(b) ; deuxième séjour (janvier 2007), pp. 19, 37, 38(bg), 39(h), 40-41, 42(h), 43(h), 43(bd), 44(h), 45(g), 46(h), 47(h), 53 ; troisième séjour (mai 2007), pp. 13, 34, 38(h), 46(b), 47(b).

Christian Vallery : pp. 15(h), 16(g), 30(b), 66, 81(hd, b), 92(h), 94, 95, 97, 117.

TABLE

SIZA À L'ABBAYE DU THORONET : UNE ÉVIDENCE	6
SIZA VOULUT D'ABORD VOIR LE PARKING	10
SIZA AU THORONET : « UNE ARCHITECTURE D'UNE ADMIRABLE CLARTÉ »	24
UN PARCOURS	33
« UNE FLÈCHE, UN POTEAU, UN CÂBLE TENDU, DES YEUX OUVERTS »	35
LE PARCOURS ET L'ŒUVRE	55
SUR LE SITE ARCHÉOLOGIQUE DE CUSA, SICILE, ITALIE, 1980	56
RESTAURANT BOA NOVA, LEÇA DA PALMEIRA, MATOSINHOS, PORTUGAL, 1958-1963	62
PISCINE MUNICIPALE DE LEÇA DA PALMEIRA, MATOSINHOS, PORTUGAL, 1961-1966	74
QUARTIER DE MALAGUEIRA, EVORA, PORTUGAL, 1977-…	82
CENTRE GALICIEN D'ART CONTEMPORAIN, SAINT-JACQUES-DE-COMPOSTELLE, ESPAGNE, 1988-1993	90
ÉGLISE PAROISSIALE DE MARCO DE CANAVESES, MARCO DE CANAVESES, PORTUGAL, 1990-1997	98
MAISON VIEIRA DE CASTRO, FAMALICÃO, PORTUGAL, 1984-1997	104
RETOUR À PORTO	110
BIOGRAPHIES	122

Cet ouvrage a été composé en caractères Univers [Adrian Frutiger, 1954-1957]
sur une maquette de l'atelier Graphithèses (Marseille).

Photogravure : Graphithèses (Marseille).
Papier : Artic Volume 150 grammes.

Achevé d'imprimer le 6 juin 2007
sur les presses de l'Imprimerie Escourbiac à Graulhet
pour le compte des Éditions Parenthèses à Marseille.

Imprimé en Union européenne.

Dépôt légal : juin 2007.